高齢者が喜ぶ！
季節の壁面飾り

目次(4月～9月)

4月（卯月）

5月（皐月）

6月（水無月）

はじめに

季節や行事に親しむことは 高齢者の方の大きな刺激に

高齢者の方は、毎日同じ生活のくり返しになりがちです。
その中で、季節感を味わったり昔からの伝統行事に親しむことは、高齢者の方にとてもいい刺激になります。それは、若い人たちが自然の中でバーベキューをしたり、森林浴をしたりするときに得られる新鮮さやワクワク感に似ていると思います。
さらに、いろいろと考えながら手先や指先を動かすことで、脳が一生懸命働くと、血流もよくなり心もからだも元気になれると言われています。
12か月の季節をあらわす作品は、ありきたりの日々を色とりどりに楽しく演出してくれるはずです。

大切なのは自分でつくる達成感

高齢者の方が制作をするとき、介護職員側としては、「せっかくやるんだから、きれいに作りましょう」と考えがちですが、大切なのはそこではありません。
多少仕上がりが悪くても、自らの手で作ったんだという達成感を感じていただくことが何よりも重要です。達成感を得た高齢者の方は、「今度はもっと上手くやってみよう！」「これを作ってみたい！」と、意欲的に次の目標を持つことができるようになるでしょう。
もちろん、おひとりおひとりの趣味や性格、それに健康状態も大きく関わってきますが、やる気や向上心が生まれることは「生きるちから」になります。
介護職員は参加者ひとりひとりの心身の状態や好みの活動を考慮した上で、無理なく楽しい時間が過ごせるように心がけてください。

高野 龍昭
東洋大学　ライフデザイン学部　生活支援学科准教授

この本の読み方

月ごとの壁面飾りページ

高齢者が行う作業のテーマです。ほかに右のようなものなどがあります。

折り方：P128

折り紙作品のときの、折り方を詳しく紹介しているページです。

型紙：P106

制作物の型紙を掲載しているページです。

台紙

壁面の紙には、色模造紙や色画用紙などを使用し、その上に折り紙や工作物を貼って紹介しています。

背景、その他の絵柄

背景の山や家、人など、具体的な作り方のないものは、P98〜123の『型紙集』で形を紹介しています。

ひまわり　紙折り工作紙

太陽に向かって高く伸びる夏の花。青い空と緑の大地によく映えます。

材料　色画用紙、折り紙、両面折り紙、リップルボード、和紙風の紙、色模造紙（台紙用）

道具　はさみ、カッター、のり、セロハンテープ

作り方

1 折り紙でひまわりを折る。折り方：P128
2 細長く切った緑の色画用紙をくるくると丸め、のりでとめて茎をつくる。
3 型紙を参考に、緑の色画用紙で葉をつくる。
4 型紙を参考に、帽子のパーツをリップルボードと黒の色画用紙でつくる。

型紙：P106

帽子は、リップルボードと黒の色画用紙でつくる。

5 型紙を参考に、色画用紙や和紙風の紙で雲、山、草、太陽、少年、虫網をつくり、のりで台紙に貼る。その上から1、2、3、4をのりで貼る。

40

壁面飾りの大きさ

本書で紹介している制作物は、作りやすいサイズで作っています。もっと大きくしたい、もっと小さくていい、というときは、作品をそれぞれのスペースに合わせて拡大縮小して作ってください。

主な作品の型紙ページ

『壁面飾り』などに使った主な絵や工作の型紙をP98〜125で掲載しています。
画用紙などに書き写したり、必要な大きさに拡大縮小のコピーをしてお使いください。

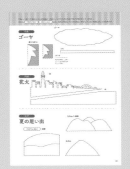

折り方のページ

折り紙作品の折り方をP126〜135で詳しく紹介していますので、ご覧ください。

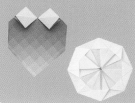

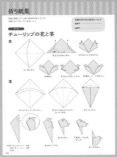

壁面飾りに役立つ主な材料と道具

どれも100円ショップや文具店、手芸店などで扱っているものばかりです。材料や道具選びの参考にしてください。

紙類

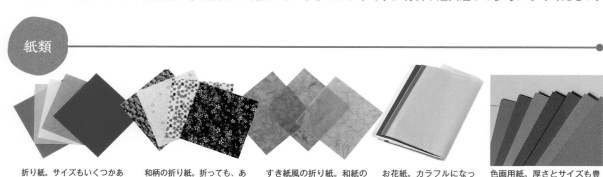

折り紙。サイズもいくつかあるので作品別に選びましょう。

和柄の折り紙。折っても、あしらいに使っても映えます。

すき紙風の折り紙。和紙の風合いがいい感じ。

お花紙。カラフルになって一層使いやすく！

色画用紙。厚さとサイズも豊富。作品に合わせてチョイス。

テープ類

細長いのが特徴。飾りにも使えます。

和柄のテープ。飾りにピッタリ。

紙テープ。細長く使うときに。

スズランテープ。薄くて扱いやすい。

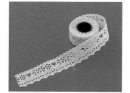

レースデザインのテープ。シールなので切って貼るだけ。

装飾類

飾りなどにオススメの材料です。

ボタン

ラインストーンシール

ビーズ

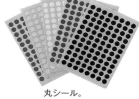

丸シール。目や雪、模様などに。

切るもの

安全性を確認し、軸や持ち手が太めで、刃にのりや汚れがついていないか確認を。

はさみ

カッターナイフ

高齢者の方ではなく、職員の方が使ってください。

貼りつけるもの

臭気が強いものは避けましょう。

でんぷんのり
天然素材のゲル状のり。紙素材同士の接着に向いています。

液状のり
なめらかにつき、乾きが早く、でんぷんのりよりも接着力が強いです。

木工用接着剤
布や異素材同士を貼るときにオススメ。乾くと透明になり、仕上がりがきれい。

色づけするもの

色鉛筆や絵筆は柄（軸）が太く、持ちやすいタイプを選びましょう。

絵の具。パレットや空き容器に少しずつ出して使いましょう。

色鉛筆。高齢者は先が少し丸まっているほうがぬりやすいです。

穴をあけるもの

紙に穴をあけるもの。あけた紙と、あけた形の両方が使えます。

クラフトパンチ

高齢者のための道具使いと作業のポイント

折り紙

大中小とサイズがいろいろあるので、できあがりを考えながら選ぶといいでしょう。高齢者には 15×15 cmの大きさの折り紙がオススメです。また、紙めくり用のクリームがあると、紙の扱いもスムーズです。

ビーズやボタンなどの小さいパーツ

ビーズやボタンなどの小さいものは、箱に入れ、少量をスプーンですくいながら使うと便利です。

はさみやカッター

のりや汚れがついていると切れ味が悪くなるので、汚れは、使う度にぬぐうようにしてください。＊刃物は、できるだけ職員の方が扱うようにしましょう。

色鉛筆でぬる

絵をぬる場合は、ふちどりをしてから中をぬると、はみだしにくく、きれいにぬれます。

細かい部分の色ぬり

狭い部分や細かい部分は、綿棒を使うと簡単にできます。

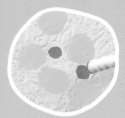

セロハンテープや両面テープ

セロハンテープを伸ばしてカッターで切る動作が上手にできないときは、職員が使う分だけ切り、机などに貼っておくと便利です。

のりづけ①

でんぷんのりを使う場合、高齢者の方が、容器を持ってつけるのは難しいときは、でんぷんのりを小皿に出し、少量の水を加えてのばして筆でつけると、つけやすいです。

のりづけ②

作品や台紙に貼るとき、作品にもよりますが、軽いパーツや一部がとまっている程度で良いものは、軽く何か所かにのりをつけるようにしましょう。全体につけるより簡単です。

壁面飾り制作の進め方

1. 壁面飾りの作り方を決める

本書で紹介している、高齢者の方と一緒に作る作品をどうやって作るか決めましょう。

①みんなで壁面サイズのものを作る

1つの作品をみんなで一緒に作る共同作業。達成感は大きい。

【準備】
・制作するものがいくつあるかを確認し、グループわけをしましょう。
・誰がどのグループに入るかをあらかじめ決めておきましょう。

②個人サイズで作ったものを壁面に貼る

作品とじっくり向き合い、自分のペースで楽しめる。

【準備】
・ひとり分ずつの材料を用意しましょう。
＊できあがりをイメージしやすいように、いくつか見本を作っておくとよいでしょう。

2. 作品を決めたら使う材料をそろえる

作品を決めるときは、季節や記念日、行事をテーマにしたり、高齢者の方と一緒に考えてもよいです。社会との関わりを持ってもらうのも大事です。そのときニュースや話題になっている社会的なものを反映させてみましょう。

選んだ作品の作り方を見て、使う材料や、どのような準備が必要かを書き出しましょう。

3. 型紙を写す

①型紙を作りたい大きさにコピーする

①壁面など飾りたいスペースに合わせて作るものの大きさを決め、サイズ（長さなど）を測る。

②作るもののサイズ ÷
　型紙のサイズ × 100
　＝ コピーの倍率（％）

上の式を使って、型紙を必要な大きさにコピーする。

1回でコピーがとれない場合は、数回にわけてコピーする。

※作品ページごとに同じ比率で拡大縮小する。ただし、200％拡大、400％拡大など特別に明記してあるものは、明記していない型紙に対しての比率となる。

②コピーした型紙を画用紙などに写す

①左記の要領で型紙をコピーしたら、画用紙などの上にのせ、端をセロハンテープなどで固定する。

②コピー用紙の上から、型紙の線をボールペンで強くなぞる。

※コピー用紙を外し、必要があれば、画用紙などについた線を鉛筆や水性ペンでなぞって線をつける。

③型紙を見ながら、同じようにかき写す

①使いたい型紙のページを開いて、型紙をよく見る。

②鉛筆を使って、かき写したい絵を真似しながら画用紙などにかき写す。このとき、薄く下書きすると良い。

③清書は、②をなぞるようにボールペンや水性ペンなどでかく。

4. 作業日程は達成感を味わえる期間を目安に

高齢者の方だからといって、あまりにも簡単に終わってしまうのはよくありません。とはいえ、半年をかけた大作というのも体力的にオススメできません。制作に参加していただく最大の目的は、「できあがった！」という達成感を味わってもらうことです。その点を考慮すると、最長でも2週間程度で1つの制作物を完成させるくらいが良いと思います。

5. 高齢者が笑顔で作業ができるようになるコツ

作業をするのは義務感を感じたり、言われているからやっている、という意識をなくすコツでもあります。

①職員も一緒に心から楽しむこと

サポートする職員が楽しそうにしていると、高齢者の方々もわくわくしてきます。

②できあがった作品を高齢者の家族にも見ていただく

できるだけ機会を作って、ご家族にも見ていただきましょう。「素敵だね」「上手にできてる！」と家族からほめられると、高齢者も喜びますし、次もやってみよう！と前向きな気持ちにもなってくれます。

高齢者と一緒に制作するときの注意点

1. 水分補給と排せつは 作業が始まる前に済ませる

当たり前のことですが、急いでいたりすると忘れがちなのが「水分補給」と「排せつ」です。作業に没頭してしまうと、職員に言いそびれてしまうこともよくあります。
「水分補給」「排せつ」は作業に入る前に済ませておくように、職員が気遣いましょう。

2. 無理強いはしない

その方の生活リズムに合わせ、やってみたいという気持ちが芽生えたときにお誘いしましょう。無理強いをすると、かえってやる気をなくすことになるので要注意！

3. 道具は使いやすく、机や椅子は、 その方に合った高さに調整する

制作の際には、高齢者の方のからだの特徴に配慮し、道具や机、椅子などを用意することも大切です。
★机と椅子は作業しやすい高さに調整する
一般的に、机は床上70cm程ですが、小柄な高齢者の方には、少し高めです。きちんと両方の足の裏が床につき、ひざが直角くらいに曲げられ、ひじが机の上に無理なく置ける姿勢……これが作業しやすい机と椅子の目安です。

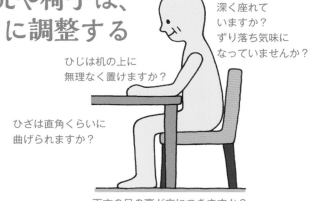

深く座れていますか？ ずり落ち気味になっていませんか？

ひじは机の上に無理なく置けますか？

ひざは直角くらいに曲げられますか？

両方の足の裏が床につきますか？

4. 聴力や理解力に合わせ 動作を1つずつ説明する

高齢者の方は、古くから馴染んでいることは、視力が弱ってよく見えなくてもできてしまうものですが、新しいことを覚えるのはとても苦手です。作業をする方の聴力や理解力、手指の動きなどについてもあらかじめ職員が把握し、適切にサポートしましょう。
例えば、「マスキングテープで可愛くとめて全体のバランスを見ましょう」と、いくつかの工程をまとめて伝えてしまうと理解しにくいものです。1つひとつ段階を追い、1回分の助言や説明は簡潔にするように心がけてください。

5. 参加者の生活歴を知っていますか？

どんなことが好きで、どんな仕事をしていたのか。また、この作業は得意か苦手か、など、若い頃からの暮らしぶりや趣味を把握しておき、その情報をもとに作業内容を考えましょう。

6. 参加者のからだの状況を考慮して

立てない、指先が思うように動かない、トイレが近い、白内障で淡い色が判別しにくいなど、ひとりひとりのからだの状況を把握し、担当する部分を無理なく決め、楽しんでもらえるように促すことが大切です。

一般的に、高齢者の方は淡い色の見分けがつきにくい場合が多いので、材料を選ぶ際、メリハリのついた色のものを選ぶことをオススメします。また、高齢者の方は脱水状態になりやすいので、作業前や水分補給の確認は忘れないようにしましょう。

7. 言葉がけは、介護のコミュニケーションを前提に

「ダメ」、「なぜそうなの？」と、責めたりプライドを傷つけたりするような応対はよくありません。

高齢者の方は、私たちの人生の大先輩です。やり方を伝えるときは、あくまでもアドバイスで。その方の気持ちや姿勢を認めてから、自分を主語にして「私はこう思うのですが、どうですか？」と、話すように心がけましょう。

8. その季節が終わったら作品を外す

よく施設で見かけるのが、その季節が終わっているのに「せっかくみんなで作ったから」とまだ壁に飾られたままの作品。気持ちはわかりますが、季節感を大事にしてもらいたいので、季節外れの作品は一旦下ろして、次の制作物に進みましょう。

4月

卯月（うづき）

桜とチューリップ

切り紙 折り紙

様々な模様の桜とチューリップを組み合わせ、花ざかりの季節を表現しましょう。

材料 画用紙、いろいろな柄や色の折り紙、不織布、色模造紙（台紙用）

道具 はさみ、のり、木工用接着剤

作り方

型紙：P98

1 型紙を参考に、折り紙で桜の花、花びら、草の切り紙を作る。

2

赤・黄・白の折り紙でチューリップの花と、緑・黄緑の折り紙で茎を折る。

折り方：P126

3 型紙を参考に、桜の幹の形に切った画用紙に、手でちぎった折り紙をのりで貼り、雲型に切った桜の輪郭の不織布ものりで貼る。

4 3と2を台紙にのり、または木工用接着剤で貼り、バランスを見て1を貼る。

14

つばめ

軒下のつばめの巣で、春の到来の喜びを
表現してみましょう。

材料	画用紙、色画用紙、紙皿、麻ひも、変わり毛糸（茶）、丸シール（赤）、色模造紙（台紙用）
道具	はさみ、木工用接着剤、セロハンテープ、両面テープ、水性ペン（白・黒）

作り方

1 紙皿を半分に切って、それぞれ全面に麻ひもと変わり毛糸を巻きつけ、セロハンテープでとめる。

2 型紙を参考に画用紙や色画用紙でつばめの親（目は白ペンで描く）、家、雲を切る。

型紙：P98

3 型紙を参考に画用紙や色画用紙でつばめの子を作り、最後に黒いペンで目を描く。

4 1、2、3を両面テープや木工用接着剤で台紙に貼る。

菜の花

（はんこ）

黄色い小さな花がたくさん集まると、
かわいくて華やかな花壇ができあがり。
赤いてんとう虫がポイントです。

材料	色画用紙、和紙風の紙、色模造紙（台紙用）

道具	はさみ、のり、ガーゼ、輪ゴム、絵の具（黄・オレンジ・黒）、綿棒

作り方　型紙：P99

1 ガーゼと輪ゴムでたんぽをつくり、黄色の絵の具をつけ、黄色の和紙風の紙にはんこのように押す。

花びらの中央には綿棒でオレンジ色を押す。

2 1のまわりを大きめに、はさみで切る。

3 てんとう虫を作る。型紙を参考に、赤の和紙風の紙を手で丸くちぎり、1と同様に作ったたんぽに黒い絵の具をつけて模様を押す。頭部は、黒い色画用紙を丸く切ったものをのりで貼る。

4 緑の和紙風の紙を2つに折り、葉の形に手でちぎる。型紙を参考に、緑の色画用紙で菜の花の茎と、黄色の色画用紙で花びらを作る。

5 2、3、4をのりで台紙に貼る。

17

竹の子

旬の素材の竹の子。春らしさとともに、
ぐんぐんと成長する様子は、
見ていて元気になれそうです。

材料	色画用紙、両面折り紙（茶＆黄緑）、色模造紙（台紙用）
道具	はさみ、のり、色鉛筆

作り方

型紙：P99

1 両面折り紙を写真のように切り、下を斜めに折ったものを組み合わせて竹の子をつくる。薄緑の色画用紙は竹の子の芽として使う。竹の子と芽をのりで貼る。

2 濃い緑の色画用紙を竹のひと節のサイズにはさみで切り、丸めてのりづけする。

3 笹の葉、地面、落ち葉は色画用紙で型紙を参考に切り、すずめは絵柄を写して色鉛筆で色をぬり、のりで台紙に貼る。

めだかの
がっこう

ステンシル

童謡を思い浮かべながら楽しめる
壁面飾りです。

材料	画用紙、色画用紙、新聞紙、折り紙、色模造紙（台紙用）
道具	はさみ、カッター、のり、ティッシュペーパー、輪ゴム、絵の具、水性ペン（黒）

作り方

型紙：P100

4月

1 型紙に合わせて、画用紙をカッターで切り抜く。

2 1を色画用紙にのせる。ティッシュペーパーと輪ゴムで作ったたんぽに好きな色の絵の具をつけ、1で切り抜いた魚に色をのせる。

3 2を乾かし、乾いたらペンで目、エラやヒレを描く。

4 まわりの石は、新聞紙や折り紙を丸めて作り、水草は色画用紙で型紙を参考に作る。

5 3、4を台紙に配置し、のりで貼る。

皐月(さつき)

5月

こいのぼり

いろいろな紙を組み合わせた
うろこがとても印象的。
ダイナミックで見応えのある壁面に。

| 材料 | 色画用紙、折り紙、和柄折り紙、色模造紙（こいのぼり用） |

| 道具 | はさみ、のり、両面テープ |

作り方　　型紙：P100

1 型紙を参考に、白とピンクの模造紙でこいのぼりのからだを作る。

2 うろこを作る。型紙を参考に、折り紙、和柄折り紙、色画用紙を大、中、小に切って重ねてのりで貼り、左の写真のように、こいのぼりのからだに重ねて両面テープで貼る。

3 顔、背ビレ、その他のパーツは色画用紙で型紙を参考に切り出し、のりで貼る。

4 こいのぼり全体が、軽く筒状になるように両面テープで貼る。

5 型紙を参考に、波を青系の色画用紙で作り、こいのぼりと一緒に両面テープで壁に貼る。

20

カーネーション

母の日に贈る花。ブーケにしてリボンで飾るととっても素敵です。

工作

材料 お花紙、色画用紙、折り紙、不織布、リボン、色模造紙（台紙用）

道具 はさみ、のり、ホチキス

型紙：P101

作り方

1 お花紙を5～6枚重ねてじゃばら折りにし、中央をホチキスでとめる。両端をはさみで波型に切り落とし、1枚ずつ開く。

2 折り紙を細長い棒状に丸めてのりでとめ、茎にする。

3 花束をラッピングする要領で、茎を不織布で巻いて首のところをリボンで結び、のりで台紙に貼る。

4 3に数か所だけのりをつけた1を置き、ふんわり貼る。

5 型紙から緑系の色画用紙で葉を切って、花に貼り、ハートも切り、のりで台紙に貼る。

金太郎

端午の節句らしい金太郎。
昔話を思い出しながら
制作してみましょう。

材料 画用紙、色画用紙、折り紙、
和紙風の紙、色模造紙（台紙用）

道具 はさみ、のり

型紙：P101

作り方

1 型紙を参考にキャラクターを画用紙に写す。

2 折り紙を手でちぎりながら、1のキャラクターにのりづけする。

3 型紙を参考に、緑系の色画用紙で山や草原を作って

台紙に貼る。雲と草は和紙風の紙を手でちぎり、のりで貼る。

4 2の輪郭に沿い、余白を残して大きくはさみで切る。

5 3、4の順番にのりで台紙に貼る。

5月

兜と柏餅

<ruby>兜<rt>かぶと</rt></ruby>と<ruby>柏餅<rt>かしわ</rt></ruby>

行事を代表するモチーフを
並べるだけで、季節感が
出るものです。

ぬり絵
工作

材料	画用紙、色画用紙、和柄折り紙、ティッシュペーパー、レジ袋、色模造紙（台紙用）

道具	はさみ、色鉛筆、両面テープ

作り方

型紙：P101

1 兜は、型紙を画用紙に写し、余白を残して大きく輪郭に合わせて、はさみで切る。

2 1を、好きなように色鉛筆でぬる。

3 お好みの大きさに切ったレジ袋でティッシュペーパーをくるんで丸め、柏餅の形に整える。

4 型紙を参考に、緑系の色画用紙で柏の葉を作り、3をはさんで両面テープでとめる。

5 台紙に1と和柄折り紙を両面テープで貼り、折り紙の上に4を同様に貼る。

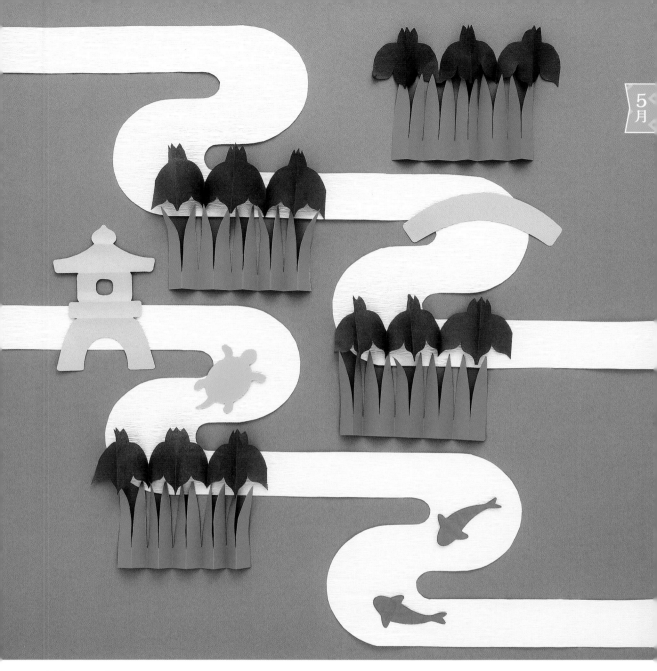

菖蒲
(しょうぶ)

切り紙 ✂

高貴な色が清々しい花。
菖蒲園のような絵を
壁いっぱいに作ってみませんか。

材料	色画用紙、和紙風の紙、お花紙、色模造紙（台紙用）

道具 はさみ、のり

作り方

型紙：P102

1 長方形に切ったお花紙を4枚重ねて5回折り、じゃばらにする。

2 型紙を写し、はさみで菖蒲の花を切り出す。

3 葉は緑の色画用紙で作る。花よりも幅の広い長方形を9回じゃばらに折り、型紙を写して切り出す。

4 小川、こい、亀、石灯籠、橋は、型紙を参考に和紙風の紙や色画用紙で作って、のりで台紙に貼る。

5 2を1枚ずつはがしたら、3と合わせて、4にのりで軽くふんわり貼る。

6 水無月（みなづき）

切り紙 紙工作

あじさいと かたつむり

あじさいとかたつむりを、雨だれでつる
したデザイン。動きがあって新鮮です。

材料	画用紙、色画用紙、折り紙、グラデーション折り紙、毛糸（水色）
道具	はさみ、のり、丸シール、水性ペン（黒・茶）、セロハンテープ

作り方　　型紙：P102

1 作りたいあじさいの大きさに合わせ、画
用紙を円形に切って台紙を作る。

2 型紙を折り紙に
写して、あじさ
いの花びらを切
り出す。台紙の
大きさに合わせ
て1つの花に15
〜25枚程。

3 1に、2を外側から内側に向け、のりで
貼る。葉は型紙を参考に緑系の色画用紙
で作って、台紙の裏側にのりで貼る。

4 型紙を参考に、オレンジの色画用紙でか
たつむり全体の円をつくる。同様に、か
たつむりのからだをクリーム色の色画用
紙で作ってオレンジの円にのりで貼り、
丸シールを貼ってペンで目とうず巻きを
描く。

5 型紙を参考に、水色の色画用紙で雨だれ
を作る。3、4と雨だれを毛糸にセロハ
ンテープでとめて壁につるす。

時の記念日
〜時計〜

紙皿を時計に見立てた手作り感あふれる
作品。作る人の趣向が出ます。

材料	紙皿、折り紙、余り布、モール、ビーズシール、マスキングテープ、丸シール、レーステープ、割りピン、動物型フェルト、色模造紙（台紙用）
道具	カッター、はさみ、のり、目打ち、数字スタンプ、両面テープ、セロハンテープ

作り方

1 紙皿は、時計1つにつき2枚使う。1枚の内側をカッターで、半円に切る。

2 紙皿それぞれに、いろいろな素材を自由に飾る。のりや両面テープを使って貼るとよい。

3 飾りつけた紙皿を重ねて、真ん中を目打ちなどで穴をあける。

4 3にモールで作った時計の針を割りピンでとめる。

5 モールを軽く曲げ、紙皿の上にくる部分の裏側にセロハンテープでとめる。

6 5をマスキングテープで台紙に貼る。

バラ園

懐かしくて楽しい野菜はんこ。色をつけ足すとグラフィカルな絵になります。

材料	画用紙、色画用紙、レンコン、チンゲンサイ、レーステープ（黒）、色模造紙（台紙用）
道具	はさみ、のり、包丁、キッチンペーパー、墨汁、絵の具、水性ペン（緑）

作り方

1 ちょうをつくる。レンコンを半分に切り、キッチンペーパーで水分をとる。

2 墨汁を1につけ、画用紙に押す。丸くなっている箇所を合わせ、もう1回墨汁をつけて押す。

3 バラは、チンゲンサイの茎を切って押す。

型紙：P102

4 乾いたら、絵の具で白地の部分をぬる。バラは、筆先をいかしながら、ひと筆でぬるときれいに仕上がる。ちょうの触角も描く。

5 4をそれぞれ、形に沿ってはさみで切りとる。

6 型紙を参考に、緑の色画用紙で葉を作り、水性ペンで葉脈の線を描く。台紙に5と葉、レーステープをのりで貼る。

6月

雨あがり

型紙：P103

ちぎり絵工作

傘を紙製の珈琲フィルターとストローで
つくったアイデア作品です。

材料	画用紙、色画用紙、折り紙、珈琲フィルター、ストロー、色模造紙（台紙）

道具	はさみ、のり、水性ペン、霧吹き

作り方

1 珈琲フィルターに水性ペンで色をつける。

2 1に霧吹きで水をかけて色をにじませて乾かす。

3 2が乾いたら¼に折り畳み、幅広の先を写真（右上）のような形に切る。

4 3を広げ、かさの上部を少し折り、真ん中に5㎜程の穴をはさみであける。

はさみの先で切るときれいに仕上がる。

あけたところにストローを差して、柄に見立てる。

5 型紙を参考に、画用紙で虹と雲を切り、折り紙を手でちぎってのりで貼る。

6 4、5をのりで台紙に貼る。かえるは型紙を参考に、緑の色画用紙で作り、のりで傘に貼る。

おむすび　ころりん

ちぎり絵工作

ねずみたちのかわいい餅つきが印象的な
お話。ゆかいな声が聞こえてきそうです。

材料	キッチンペーパー、画用紙、色画用紙、折り紙、フェルト、手芸用のひも、色模造紙（台紙用）
道具	はさみ、のり、木工用接着剤、水性ペン（黒・赤）、油性ペン（黒・茶）

作り方　　型紙：P103

1 キッチンペーパーを三角ににぎって、おむすびを作る。長方形に切った黒い折り紙をのりのようにして巻き、のりで貼る。

ふんわり空気を含ませながらにぎる。

2 型紙を参考に、おじいさんの顔は色画用紙で、ねずみや杵、臼などはフェルトで作る。おじいさんの顔や臼の模様などはペンで描く。

3 ねずみの頭とからだを木工用接着剤で貼り、手芸ひものしっぽや足なども木工用接着剤で貼りつける。

4 生け垣と地面は、型紙を画用紙や色画用紙に写して切る。生け垣の上部には緑の折り紙を手でちぎってのりで貼り、下部にはオレンジや茶系の折り紙をちぎって貼る。

5 台紙に 4 を貼り、1、2、3 を木工用接着剤で貼る。

7月 文月 ふみづき

工作

海といるか

童謡からイメージを膨らませた
壁面飾り。青系の色を多めに使うと
さわやかな印象になります。

材料	画用紙、色画用紙、毛糸（青系、オレンジ系）、ビーズ、綿、色模造紙（台紙用）
道具	はさみ、木工用接着剤

作り方　　型紙：P104

1 型紙を参考に画用紙で海をつくり、海の幅の分だけ木工用接着剤を出す。

2 1が乾く前に、青系の毛糸とビーズをのせて乾くまで待つ。

3 型紙を参考に、紺の色画用紙でいるかをつくる。お腹の部分は、グレーの色画用紙で作ってのりで貼る。

4 2と3を木工用接着剤で台紙に貼り、オレンジ系の毛糸をうず巻きにした太陽を木工用接着剤で貼る。最後にビーズと綿の雲を木工用接着剤で貼る。

七夕

文月の夜空にまつわる切ない伝説。
美しいお話と一緒に楽しんでみませんか。

材料	色画用紙、折り紙、和柄折り紙、キラキラ丸シール、色模造紙（台紙用）
道具	はさみ、のり

ちぎり絵
切り紙

作り方

型紙：P104

1 天の川の型紙を紺の色画用紙に写す。

2 折り紙を手で細長くちぎり、のりで1に貼り、天の川の輪郭に沿ってはさみで切る。

3 型紙を参考に、折り紙や和柄折り紙で星と笹の葉を作り、黒の色画用紙で織姫と彦星を切る。

4 和柄折り紙を細長く切り、輪っかにしながらのりで9〜10個つなげる。

5 台紙に2、3、4をのりで貼り、キラキラ丸シールをちらして貼る。

ゴーヤ

ゴーヤの表面のデコボコを指はんこで
押した、夏野菜の楽しい作品です。

| 材料 | 和紙風の紙、色画用紙、マスキングテープ（オレンジ）、色模造紙（台紙用） |

| 道具 | はさみ、のり、絵の具 |

作り方

型紙：P105

1 型紙を参考に、緑と黄色の和紙風の紙でゴーヤとツルを作り、緑の色画用紙で葉を作る。

2 ゴーヤとツルと葉に、緑・黄・白の絵の具で指はんこを押す。

3 マスキングテープを使って、台紙に棚を作る。

4 ツルを指先でしごいて丸める。

5 2と4を、のりで3に貼る。

35

花火

夜空に花が咲いたような華やかな花火を
思い出しながら作ってみましょう。

材料	色画用紙、折り紙、モール、丸シール（赤）、アルミホイル、色画用紙（台紙用）

道具	はさみ、のり、木工用接着剤

作り方

型紙：P105

1. 折り紙を細長く切ったものをたくさん用意する。

2. 1の何本かを、小さな正方形になるように切る。モールを切って、長いものと短いものと小さく丸めたモールを用意する。アルミホイルは小さく丸める。

3. 1と2、丸シールを花火の形にデザインしながら、木工用接着剤で台紙に貼る。

台紙に薄く鉛筆で花火の形を描いておき、ガイドラインにする。

4. 型紙を参考に、紫系の色画用紙で街と川を切ってのりで台紙に貼る。窓は折り紙を切ってのりで貼る。

夏の思い出

唱歌モチーフの風景。手前に大きい
水芭蕉を置くと、遠近感のある絵に。

折り紙

| 材料 | 色画用紙、折り紙（大小）、和紙風の紙、片面段ボール、色模造紙（台紙用） |

| 道具 | はさみ、のり |

作り方

型紙：P105

1 大小の折り紙で、それぞれ水芭蕉を折る。

折り方：P127

2 折り紙をだ円にちぎって、水たまりを作る。

3 片面段ボールをはさみで切り、木道にする。

4 型紙を参考に、和紙風の紙と色画用紙で背景を切り出して、台紙にのりで貼る。

5 1、2、3を4に配置して、のりで貼る。

8月

葉月 はづき

かき氷

切り紙工作

見るだけでひんやり気分が伝わる、
夏らしいデザート。好きな味を色で表し
てみましょう。

材料	画用紙、色画用紙、和柄折り紙、塩、すだれ
道具	はさみ、のり、絵の具、両面テープ、水性ペン（黒）

作り方　　　　型紙：P106

1 型紙を参考に、画用紙でかき氷を、色画
用紙で器、すいか、のれん、ラムネ、ス
プーンの柄を作る。

2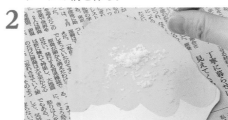

1のかき氷の上部を絵の具でぬり、乾か
ないうちに、塩をひとつまみふる。塩が
水分を吸って、かき氷らしくなる。

3 型紙を参考に、和柄折り紙でコースター
を切り、1の器の下にのりで貼る。

4 3に、2とスプーンの柄をのりで貼って
から、すだれに両面テープで貼る。すい
か、のれん、ラムネも両面テープで貼る。
すいかの種はペンで描く。

ひまわり

折り紙工作
紙

太陽に向かって高く伸びる夏の花。
青い空と緑の大地によく映えます。

材料	色画用紙、折り紙、両面折り紙、リップルボード、和紙風の紙、色模造紙（台紙用）
道具	はさみ、カッター、のり、セロハンテープ

作り方

型紙：P106

1 折り紙でひまわりを折る。
折り方：P128

2 細長く切った緑の色画用紙をくるくると丸め、のりでとめて茎を作る。

3 型紙を参考に、緑の色画用紙で葉を作る。

4 型紙を参考に、帽子のパーツをリップルボードと黒の色画用紙で作る。

帽子は、リップルボードと黒の色画用紙でつくる。

5 型紙を参考に、色画用紙や和紙風の紙で雲、山、草、太陽、少年、虫網を作り、のりで台紙に貼る。その上から1、2、3、4をのりで貼る。

風鈴

切り紙

人気の切り絵でつくった夏の風物詩。
日本らしい風情を楽しんでください。

材料	色画用紙、和柄折り紙、モール、竹ひご、色模造紙（台紙用）
道具	はさみ、カッター、のり、セロハンテープ、木工用接着剤

作り方　型紙：P107

1 型紙を黒の色画用紙に写してはさみで切る。

2 絵柄部分は、絵の真ん中で半分に折ってはさみで切ったり、カッターで切り抜いたりする。

3 2で切り出した部分に、裏から少し大きめの和柄折り紙をのりで貼る。

のりは、黒い画用紙のほうにつける。

4 竹ひごを1本ずつ折り紙で巻き、セロハンテープで貼ったものをモールでとめて棚にする。

5 3をのりで台紙に貼り、4を上からのせて、木工用接着剤で固定する。

41

うちわ

余っているうちわをアレンジするだけで
こんなに素敵なアートになります。

材料	うちわ、折り紙（大小）、両面折り紙（赤&緑、黄&緑）、折り紙、和柄折り紙、色画用紙、色模造紙（台紙用）
道具	はさみ、のり、たこ糸、水性ペン（黒）、セロハンテープ、木工用接着剤

作り方

1 折り紙で朝顔を、両面折り紙ですいかを折る。

折り方：P129

すいかは、赤＆緑の両面折り紙でつくると、それらしくなる。

2 うちわに、のりで和柄折り紙を貼る。

型紙：P107

3 型紙を参考に、赤と黄色の色画用紙でちょうちんを作り、緑系の折り紙で朝顔の葉を切り出す。

4 3のちょうちんに、ペンで線や色をつけ、裏側にセロハンテープでたこ糸をつける。

5 1と3の葉を、2にのりで貼る。台紙にうちわと4、和柄折り紙を配置し、木工用接着剤で貼る。

竜宮城

紙工作

昔から伝わる海の民話を表現しました。
海の中の世界が感じられそう。

材料	色画用紙、折り紙、和柄折り紙、丸シール、糸（黒）、スズランテープ、色模造紙（台紙用）
道具	はさみ、のり、水性ペン（黒・赤）、セロハンテープ

作り方　型紙：P108

1 型紙を参考に、色画用紙で魚を切り出す。

2 1に切り込みを入れ、少し重ねてのりで貼る。

切り込みは、エラの近くくらいまで入れると立体感がしっかり出る。

3 型紙を参考に、魚のヒレを魚のエラにつける。

4 丸シールにペンで目を描いて、魚とたこに貼る。

5 型紙を参考に、色画用紙や折り紙で竜宮城やたこ、人物&亀（ペンで顔を描く）、海草などを切り、魚と一緒にのりで台紙に貼る。丸シールは泡に見立てて貼る。

43

かぐや姫

中秋の名月と竹取物語を表現。
人間は、後ろ姿なら
つくるのが簡単です。

工作

材料	色画用紙、折り紙、和柄折り紙、和柄の布、手芸用の太ひも、毛糸（黒）、お花紙、色模造紙（台紙用）
道具	はさみ、のり、木工用接着剤

作り方

型紙：P109

1 型紙を参考に、色画用紙でかぐや姫の着物と髪の毛の台紙、竹の葉を作る。

2 1の髪の毛の台紙に木工用接着剤をつけて、1本ずつ毛糸を貼る。

3 1のかぐや姫の着物の台紙に、和柄の布4枚を少しずらして重ねて木工用接着剤で貼る。型紙通りに切った、和柄折り紙7枚を写真のように扇子状に開いてのりで貼る。

4 台紙に3と2を合わせて配置し、木工用接着剤で貼る。

5 太ひもを適度に切って竹にする。月は円形に切った色画用紙に、手でちぎった折り紙をのりで貼る。

6 台紙に5を木工用接着剤で貼り、1の竹の葉と、型紙を参考に雲型に切ったお花紙を、木工用接着剤で軽く貼る。

さんま

アルミホイルでキラキラ光るさんまができました。薬味を添えて美味しそうに。

材料	画用紙、色画用紙、アルミホイル、折り紙、コピー用紙、グラデーション折り紙、新聞紙、丸シール、色模造紙（台紙用）
道具	はさみ、のり、水性ペン（黒）、油性ペン（青）、両面テープ、絵の具、木工用接着剤

作り方

型紙：P109

1 画用紙をさんまの形に切り、それに合わせて丸めた新聞紙を両面テープで貼る。

2 1にアルミホイルを巻き、油性ペンで色をぬる。

3 型紙を参考に、グレーの色画用紙で作ったヒレと尾を木工用接着剤で2に貼り、丸シールに水性ペンで目を描いて貼る。

4 型紙を参考に、オレンジの色画用紙で網を。折り紙でもみじ、ゆずのへたを切り出す。

5 大根は、コピー用紙をもんで大根の形に整え、上の方を絵の具でうす緑にぬる。

6 型紙を参考に、緑の色画用紙で大根の葉を作り、ゆずは丸めた新聞紙をグラデーション折り紙で包み、4のへたをのりでつける。

7 台紙に網と3、もみじ、5、6を木工用接着剤で貼る。

きのこ狩り

型紙：P109

珈琲フィルターを絵の具で
染めたユニークなきのこ。
色ムラがちょうどいい感じに。

工作

材料	珈琲フィルター、画用紙、色画用紙、色模造紙（台紙用）
道具	はさみ、のり、絵の具、ホチキス

作り方

1 皿に茶色の絵の具を水でとき、くしゃくしゃに丸めた珈琲フィルターをつけて広げて乾かす。

2 1が乾いたら、きのこのかさの形に整える。

3 白い珈琲フィルターを三つ折りに畳んで適当な長さに切り、2の中に入れ、内側からホチキスでとめる。

4 型紙を参考に、茶系の色画用紙で切り株を作り、のりで画用紙に貼る。落ち葉は色画用紙で作り、手で軽くもむ。

5 落ち葉をのりで台紙に貼り、切り株と3も貼る。

9月

虫の声

紙工作

童謡を口ずさみながら、草むらに隠れている虫たちに思いを馳せてみませんか。

材料	色画用紙、折り紙、和柄折り紙、色模造紙（台紙用）
道具	はさみ、のり

作り方

1 型紙を参考に、色画用紙で虫のパーツをはさみで切り、組み立てる。

2 できあがった虫のいくつかの羽に、和柄折り紙をのりで貼る。

3 型紙を参考に、葉、草、雲を色画用紙で作る。

4 和柄折り紙は山型にして、のりで台紙に貼る。

5 草や葉は下の部分だけにのりをつけて貼る。

6 黄色の折り紙を円型に切った月と、3の雲をのりで台紙に貼り、最後に虫を草の後ろに入れたり、葉の上にのせたりする。

彼岸花

深紅の彼岸花と一緒に、
秋のさわやかな風も
感じられます。

紙工作

材料	画用紙、色画用紙、色模造紙（台紙用）
道具	はさみ、のり、絵の具、綿棒、鉛筆

作り方　型紙：P110

1 ピンクの色画用紙を長方形に切り、8〜10本の線を放射状に鉛筆で描く。

2 綿棒に赤の絵の具をつけ、1をなぞって線を描く。茎は、緑の絵の具で、点々状に描く。

3 赤の色画用紙を細長くちぎり、鉛筆で巻いて花びらを作る。

4 3の先1/5くらいにのりをつけ、2に8〜10枚貼る。綿棒を使って、まわりに黄色の絵の具で点をつける。

5 ピンクの色画用紙を上の写真の形に切り、のりで台紙に貼る。型紙を参考に画用紙で作った、ちょうの羽の半分だけに、のりをつけて貼る。

49

工作

稲穂

黄金色に輝く稲穂が風に揺られる景色は
忘れがたい郷愁です。

材料	画用紙、色画用紙、お花紙（黄）、毛糸（黄緑）、ティッシュペーパー、和柄折り紙、割りばし、色模造紙（台紙用）
道具	はさみ、のり、絵の具、筆、水性ペン（黒）、木工用接着剤、セロハンテープ、カッター

作り方　　型紙：P111

1 型紙を参考に色画用紙で稲穂の台紙をつくる。

2
お花紙を細長く切り、手のひらで大豆大の大きさに丸める。指先で整えるときれいになる。稲穂1本につき、6〜9個作って1に木工用接着剤で貼る。

3 毛糸を長く3本切り、葉に見えるように1に木工用接着剤で貼る。

4 型紙を参考に、和柄折り紙や色画用紙でかかしの着物やてぬぐい、帯、かさを切り出し、かかしを作る。

5 型紙を参考に、畑用の色画用紙を重ねて貼り、3、4を木工用接着剤で貼る。

6 型紙を参考に、画用紙ですずめを、色画用紙で雲を作る。すずめのからだを茶色の絵の具でぬり、目とくちばしはペンで描く。台紙にのりで貼る。

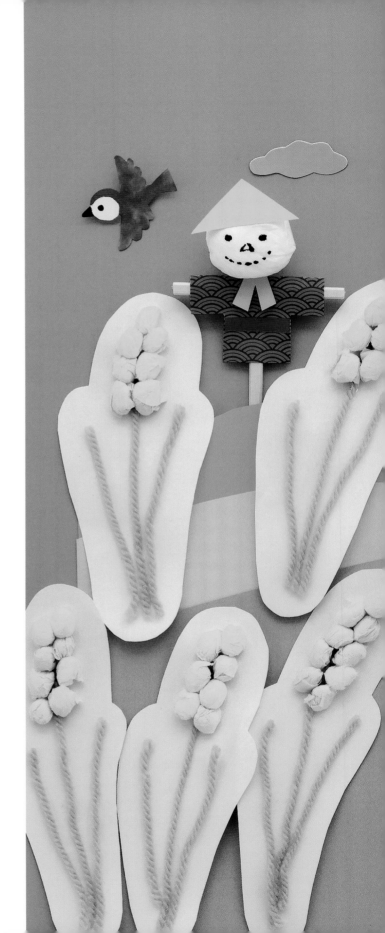

51

運動会

工作

子どもたちの元気な声が響きます。
子どもの頃の話をしながら
制作してみては。

材料 色画用紙、余り布、ししゅう糸、
モール（白、赤、ピンク、水、紺、
黄緑、緑）、ストロー、
色模造紙（台紙用）

道具 はさみ、のり、木工用接着剤

作り方

1 赤、ピンクのモールを2本
ずつまとめて、真ん中を白
いモールでとめる。隣り合
わせの赤とピンクをねじっ
て、編み目がひし形になる
ように編む。これをくり返
し、かごの形に整える。同
様に青と緑のかごも作る。

2 モールを短く切って、くる
くる巻き、ボールを作る。

3 1の白いモ
ールの先は、
まとめてス
トローに入れる。

4 余り布をひし形に切って、
ししゅう糸をはさんで半分
に折り、のりで貼りつけて
ガーランドを作る。

5 型紙を参考に、黒の色画用
紙で作った子ども、2、3、
4を木工用接着剤で台紙に
貼る。

型紙：P111

コスモス畑

ワイン色、淡いピンク、白。
可憐に咲くコスモスは
秋の空を彩ります。

切り紙 ✂

材料	色画用紙、和紙風の紙、色模造紙（台紙用）

道具	はさみ、のり、カッター

作り方

型紙：P112

1

型紙を参考に、コスモスを
色画用紙でつくる。黄色の
色画用紙を細長く切ってく
るくると丸め、花芯を作る。

2

コスモスの穴に1の花芯を
差し込む。

3 型紙を参考に、茎や葉、風
車を色画用紙で作る。

4 台紙に、型紙を参考に和紙
風の紙で作った山をのりで
貼り、上から、2と3をの
りで貼る。

53

夕焼け小焼け

和紙を細長く手でちぎって貼れば、
夕焼けの色のグラデーションが
できあがります

工作
ちぎり絵

材料
色画用紙、和紙（オレンジ・濃ピンク、紫、黄）、折り紙（赤）、クリアファイル、ぽんてん（赤、水色）、色模造紙（台紙用）

道具
はさみ、のり、油性ペン（黒）、木工用接着剤、両面テープ

型紙：P112

作り方

1 赤い折り紙を細長く丸め、先端に、ぽんてん（※）を3個、木工用接着剤で貼る。

2 クリアファイルに、とんぼの羽の型紙を書き写し、はさみで切る。

3 1に2を両面テープで貼り、羽に、ペンで模様を描く。

4 和紙を細長く手でちぎり、グラデーションをつけてのりで台紙に貼る。

5 型紙を参考に、緑系の色画用紙で作った木と、3をのりで台紙に貼る。

※ぽんてんがない場合は、モールなどで代用する。

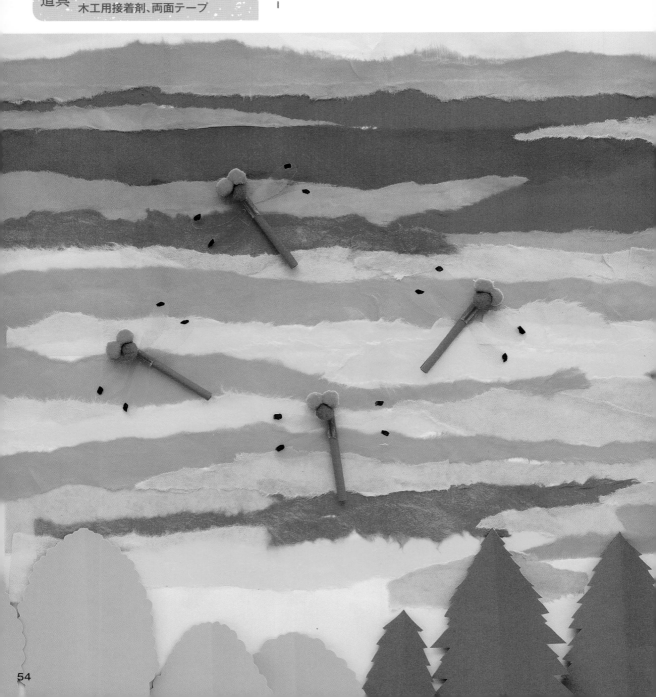

54

ハロウィン 切り紙

かぼちゃやおばけも黒い色紙で作ると、
大人っぽく仕上がります。

材料 色画用紙、折り紙（小）、
ティッシュペーパー、
色模造紙（台紙用）

道具 はさみ、のり、カッター、
クラフトパンチ

作り方

型紙：P113

1 黒の色画用紙を帯状に切り、
7回折ってじゃばらにする
（こうもりは5回折る）。

2 1にかぼちゃの型紙を写し、
はさみで切る。こうもり、
おばけも同様に作る。

3 折り紙の中に丸めたティッ
シュペーパーを入れ、両端
をねじりキャンディにする。

4 型紙を参考に、色画用紙や
折り紙で作った月と星と文
字、2と3をのりで台紙に
貼る。

55

11月

<ruby>霜月<rt>しもつき</rt></ruby>

紅葉

工作

夕暮れの日本の風景。
光沢のあるリボンで作った紅葉が
光って見えます。

材料	色画用紙、和紙風の紙、リボン2色、色模造紙（台紙用）
道具	はさみ、のり、木工用接着剤、両面テープ

- -

作り方　　型紙：P113

1 2色のリボンで、それぞれ蝶結びを作る。

2  1の輪の部分を、先をとがらせるように切る。リボン1枚の端も同様に切り、全部で6枚の葉になるようにする。

3  左の写真のように先をとがらせた同色のリボンを作り、その上に2を両面テープで貼る。

4 型紙を参考に、枝、五重塔、鹿、山、鳥、夕陽を色画用紙や和紙風の紙で作る。

5 台紙の上に、黄色とオレンジの和紙風の紙を2枚貼り、4をのりで貼る。3は木工用接着剤で貼っていく。

11月

菊

折り紙で菊の花を表現しました。
小さな折り紙を背景にあしらうと
生けたような感じに。

材料	色画用紙、折り紙（大小）、色模造紙（台紙用）

道具	はさみ、のり

作り方

型紙：P114

1 折り紙で、大小の菊の花を折る。

折り方：P130

2 型紙を参考に、菊の葉を緑の色画用紙で作る。

3 台紙に、金色系の小さい折り紙と1と2をのせ、花を生けるようなイメージで配置を考える。

4 配置が決まったら、それぞれをのりで貼る。

りんご

型紙：P114

ちぎり絵工作

りんごの収穫の様子が伝わりますか？
立体のりんごがユニークな作品。

材料	色画用紙、和紙、新聞紙、空き箱、色模造紙（台紙用）

道具	はさみ、のり

作り方

1

新聞紙をりんご大の大きさに丸める。ただし、片面だけ丸くする。底を机に押しつけ平らにするとよい。

2

赤系の和紙を手でちぎり、重ねるように1にのりで貼る。

3
型紙を参考に、へたと葉を色画用紙で作り、2にのりで貼る。

4
型紙を参考に、引き車、木の葉のむれ（和紙を手で軽くもむ）、幹、草、りんごを和紙や色画用紙で作る。引き車はのりで空き箱に貼る。

5
台紙に、4をのりで貼り、最後に、3の立体のりんごをのりで貼る。

たき火

工作

秋の風物詩のひとつ。たき火でやきいも
を焼く様子を表現しました。

材料	リップルボード、色画用紙、和紙、新聞紙、枝、アルミホイル、色模造紙（台紙用）
道具	はさみ、のり、絵の具、筆、マスキングテープ、木工用接着剤

作り方

型紙：P114

1 新聞紙をまとめてしぼるように、サツマイモを作る。

2 1 に茶色の絵の具で色をつける。アルミホイルを巻いたり、枝をマスキングテープでつけたりする。

3 たき火の炎と煙は、和紙を軽くもんでから形を作る。

4 葉や枝は、新聞を切ったり丸めたりしてから絵の具で色をつける。

5 型紙を参考に、背景の枯れ木や葉を色画用紙で作る。台紙は上を水色、下をベージュにし、境目にリップルボードの垣根（色画用紙でラインを入れる）を貼る。

6 3、5 の枯れ木や葉、4、2 の順番に、木工用接着剤で台紙に貼りつける。

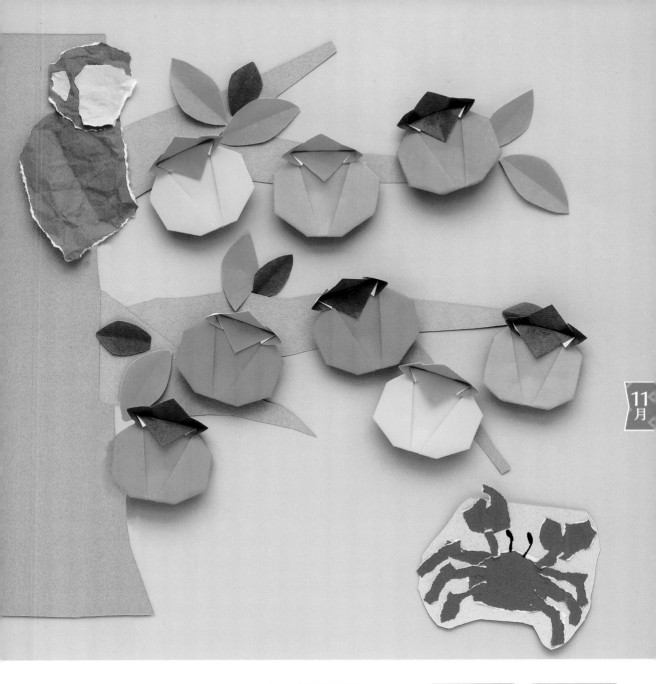

さるかに合戦

折り紙

柿の昔話といえばこれ。熟れた柿と固い柿の違いは折り紙の色で出します。

材料	画用紙、色画用紙、折り紙（大小）、色模造紙（台紙用）

道具	はさみ、のり、水性ペン（黒）

作り方

折り方：P131　　型紙：P115

1 大小の折り紙2色を使い、柿を作る。

2 茶・ペールオレンジの折り紙に、さるの型紙を写してから軽くもむ。

3 2の型紙の輪郭を手でちぎり、のりで貼る。

4 画用紙に、赤い折り紙をちぎって貼ってかにを形づくり、ペンで目を描く。できあがったら、かにの輪郭を残して大きくはさみで切る。

5 型紙を参考に木と葉を色画用紙でつくり、台紙にのりで貼る。

6 木の上に3、1を、台紙に4をのりで貼って完成。

12月

聖夜

工作

プレゼントのなかは…

実際にプレゼントのオーナメントが開けられる、遊び心のある壁面かざりです。

材料 画用紙、折り紙、パール折り紙、モール、ミニ封筒、リボン、マスキングテープ、ビーズ、色模造紙（台紙用）

道具 はさみ、のり、木工用接着剤

- - - - - - - - - - - - - - - -

作り方

型紙：P115

1 ミニ封筒をはさみで半分に切って、メッセージや小物を入れ、マスキングテープを十字にとめて、リボンをのりでつける。

2 モールでオーナメントをつくる。2本をねじってリースやキャンディ型にしてリボンをつけたり、星型に折ってビーズを通したりする。

3 型紙を参考に画用紙でツリーともみの木、折り紙で月と星を作る。モールのオーナメントや、パール折り紙で作ったかざり、星などを、木工用接着剤でツリーに貼る。

4 台紙の下の方に、パール折り紙をのりで貼り、その上にツリーやもみの木、月、星を配置してのりで貼る。

5 銀や緑、ピンクなどのパール折り紙を小さく切って、背景やツリー、もみの木の上にのりで貼る。

ポインセチアと
リース

クリスマスシーズンの
お花として親しまれています。

切り紙
折り紙

材料	折り紙、デザイン柄折り紙、リボン、色模造紙（台紙用）
道具	はさみ、のり

型紙：P115

作り方

1 型紙に合わせて折り紙で大中小のポインセチアを3枚切りし、大中小の順番に重ねてのりづけする。このとき、花びら部分が重ならないようにずらして貼る。

2 折り紙やデザイン柄折り紙でリースを折る。

折り方：P132

3 リボンで蝶結びを作り、のりでリースに貼る。

4 台紙に、3、1を配置して、のりで貼る。

餅つき

工作

お正月を迎える準備を
壁面飾りにしてみました。
制作中からわくわくしてきます。

材料	画用紙、色画用紙、和柄折り紙、紙ねんど、紙皿、マスキングテープ、色模造紙（台紙用）
道具	はさみ、のり、木工用接着剤、絵の具、ティッシュペーパー

作り方　型紙：P115

1 臼を作る。帯状に切った茶の色画用紙を輪にし、のりでとめる。この臼とバランスをそろえて、茶の色画用紙で筒を2つ作り、杵にする。

2 紙ねんどを餅の形に整えて、ティッシュペーパーに絵の具をつけ、焦げ目やずんだ色をぬる。黒い色画用紙を木工用接着剤で貼ると磯辺餅に。焦げ目のついた餅の下に、茶の画用紙で作

ったしょうゆをのりで貼る。

3 ふちを、マスキングテープで飾った紙皿に2を入れ、木工用接着剤で貼る。

4 杵と臼に木工用接着剤で紙ねんどの餅をつける。

5 画用紙に和柄折り紙をのりで貼り、それを赤い色画用紙の上に貼る。

6 5の上に3、4を木工用接着剤で貼る。

7 型紙を参考に、色画用紙で松竹梅の絵柄を切り、丸い色画用紙にのりで貼る。

8 7を、木工用接着剤で6に貼り、全体を台紙に貼る。

十二支の話

12の動物が主役の絵。
丸、三角、四角の単純な形で
作れます。

紙工作

材料 色画用紙、和柄折り紙、折り紙、ひも、
包装紙、色模造紙（台紙用）

道具 はさみ、のり、カッター、
セロハンテープ、水性ペン（黒・赤）

作り方

型紙：P116

1 型紙に合わせて、色画用紙
などで形を切る。

2 型紙ページを参考に、それ
ぞれのパーツをのりで貼っ
て、動物の形にする。水性
ペンで顔手足など描く。

丸パーツを重ねてからだを作る。重
なった部分をのりで貼る。

3 台紙に、道（包装紙を一度
軽くもんでから切る）を軽
くのりで貼り、その上に動
物たちも軽くのりづけする。

12月

除夜の鐘

お花紙でつくるぼたん雪と、
四角にちぎった雪が
ゆく年くる年によく合います。

紙工作
ちぎり絵

材料	色画用紙、和紙風の紙、お花紙、色模造紙（台紙用）
道具	はさみ、のり、ホチキス

作り方

型紙：P117

1 淡い青、ピンク、白の和紙風の紙を、小さな正方形になるように手でちぎる。

2 お花紙を正方形に切り、6枚一組にして花を作る（※）。

3 型紙を参考に、鐘つき堂、鐘つき棒を色画用紙で。街並、森を和紙風の紙で切る。

4 台紙に、森、街並、鐘つき堂、鐘つき棒をのりで貼り、その上に2をぼたん雪に見立てて、のりで貼る。

5 最後に、1をちらすようにのりで貼る。

※お花紙をじゃばらに折り、中央をホチキスでとめて開く。

67

工作
ちぎり絵

一富士
二鷹三茄子

初夢の縁起物。
ダイナミックに作るのがポイントです。

材料	画用紙、色画用紙、折り紙、スズランテープ（白・青）、薄いスポンジ、和柄折り紙、梅柄シール、色模造紙（台紙用）
道具	はさみ、のり、水性ペン（黒）、ホチキス、両面テープ

作り方　　型紙：P117

1 スズランテープを20回くらいのじゃばら折りにする。

2 1を半分に折って正方形にし、折った角の1か所をホチキスでとめる。

3 型紙を参考に、青い色画用紙で富士山を切る。2のホチキス部分を軸にして花のように開き、両面テープで富士山に貼る。

4 画用紙になすの型紙を写し、折り紙をちぎってのりで貼る。へた部分は、濃紺の色画用紙で作って、のりで貼る。

5 太陽、鷹（ペンで目や翼を描く）も、型紙を参考に色画用紙で作る。

6 台紙に、3、4、5をのりで貼り、型紙を参考にスポンジで作った雲を両面テープで貼る。梅柄シール（または型紙を参考につくった梅）や小さく切った和柄折り紙をのりで貼る。

1月

正月飾り

和紙などでつくった小さなアップリケ。
壁面飾りのほかにも使えそうです。

材料	画用紙、和柄の余り布、折り紙や薄手の和紙、色模造紙（台紙用）
道具	はさみ、針、糸、カッター、木工用接着剤

切り絵工作

作り方

型紙：P118

1 画用紙を丸く切る。

2 1に、和柄の余り布をかぶせ、針と糸でなみぬいして軽く絞る。

3 型紙を参考に、折り紙や薄手の和紙でいろいろな小物（お正月らしいもの）を切り出す。

4 2に3をのせ、木工用接着剤で貼り、台紙にのせて、木工用接着剤で貼る。

凧

おなじみの浮世絵と隈取りで、
お正月らしい凧になりました。

材料 画用紙、色画用紙、折り紙、
たこ糸、色模造紙（台紙用）

道具 はさみ、のり、色鉛筆

ぬり絵

作り方

1 同じ大きさの画用紙を3枚
用意し、そのうちの2枚に
型紙を写してぬり絵の台紙
を作り、色鉛筆で好きな色
にぬる。

隈取りも入れてみる。

型紙：P118

2 隈取りは、型紙を赤い色画
用紙に写し、はさみで切っ
て1の残りの画用紙にのり
で貼る。

3 折り紙を細長く切って、凧
の足を6本作り、1と2
の裏に2本ずつのりで貼る。

4 台紙に黄緑の色画用紙の地
面を貼る。型紙を参考に色
画用紙で人と犬と雲を作り、
凧とたこ糸をのりで台紙に
貼る。

71

お雑煮

型紙：P119

好きなお雑煮には何が入っていますか？
話も弾みそうな壁面飾りです。

材料 フェルト、手芸用のひも、
割りばし、色模造紙（台紙用）

道具 はさみ、木工用接着剤、
油性ペン（茶）

作り方

1 お雑煮の器や具材、葉や実
などの型紙をフェルトに書
き写し、切り出す。

※コピーした型紙を切り、フェルト
に当てて鉛筆やボールペンでな
ぞって型紙を写す。

2 餅に、ペンで焦げ目を描く。

3 すべてのフェルトと、茎に
見立てたひもを、木工用接
着剤で台紙に貼る。最後に
割りばしを同様に貼る。

冬スキー ✂ 切り紙

紙を折って切るだけで、
こんなにいろいろな形ができるのって
すごく楽しい。

材料 画用紙、色画用紙、折り紙、
色模造紙（台紙用）

道具 はさみ、のり

作り方　型紙：P119

1 型紙を参考に、折り紙でスキーヤーをはさみで切って開く。

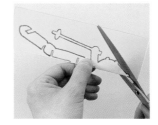

2 ゴーグル、雪の結晶も折り紙に型紙を書き写し、はさみで切って開く。

3 型紙を参考に、色画用紙で山小屋やスキー板とストック、雪などを切り出す。

4 台紙の下から約⅔に山型に切った画用紙をのりで貼り、雪山を作る。

5 1～3の切り紙を4にのせ、数か所だけに軽くのりをつけて貼っていく。

節分

紙工作

お面としても使える飾り。
切り紙の要領で作るので、
とっても簡単です。

材料	画用紙、色画用紙、折り紙（金・銀）、紙テープ（赤）、色模造紙（台紙用）
道具	はさみ、のり、筆ペン、両面テープ

作り方

型紙：P120

1 型紙に合わせて鬼パーツを色画用紙や画用紙に写し、はさみで切る。

2 顔の上下の切り込みを重ねてのりづけし、立体的にする。

3 口の切り込みにキバを、真ん中の切り込みには鼻を差し込む。角には金や銀の折り紙を貼り、髪の毛の切り込みに差し込む。

4 顔に、目とまゆ毛をのりで貼る。

5 台紙に、両面テープで鬼の面を貼り、型紙を参考に、色画用紙で作った豆や豆がはねる線、升をのりで貼る。

6 画用紙に筆ペンで文字を書き、それぞれの四隅に紙テープをのりで貼る。

雪だるま 貼り絵

布やボタン、折り紙など、余り物で
作ったら、エコな作品ができました。

材料	色画用紙、フェルト、ボタン、モール、ラインストーンシール、リボン、毛糸、ビーズ、丸シール、折り紙、色模造紙（台紙用）
道具	はさみ、木工用接着剤

作り方

型紙：P120

1 型紙を参考にフェルトで雪
だるまを作る。

2 ボタンやラインストーン
シール、モールなどで顔を
作る。

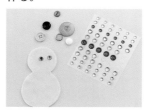

3 フェルトやリボンなどで
作った帽子やマフラーを木
工用接着剤で1に貼る。

4 型紙を参考に、色画用紙で
家や人、犬を切り出す。

5 台紙に、雪だるまを木工用
接着剤で貼り、4も同様に
貼る。あいたところに、丸
シールをちらして貼る。

寒椿

雪や霜をまといながらも、美しく咲く
冬の花。白や赤の色が鮮やかです。

材料　画用紙、色画用紙、
　　　和紙風の紙（台紙用）

道具　はさみ、のり、カッター

紙
工
作

作り方

型紙：P121

1 黄色の色画用紙を細長く切
り、⅓ほどの深さで、全
体的に切り込みを入れて丸
める。

花びら2枚ずらして重ねる。

2 型紙を参考に、赤の色画用
紙と画用紙で作った花びら
2枚を重ね、1を真ん中の
穴に差し込む。

3 型紙を参考に雲、垣根、石
畳、野点道具、葉を色画用
紙で作る。

4 台紙に3（葉以外）を配置
してのりで貼り、2と葉を
のりで貼る。

2月

バレンタインデー

甘い香りがしてきそうな
かわいい作品になりそうです。

材料	色画用紙、折り紙、デザイン柄折り紙、レースペーパー、ビーズなど、ペットボトルのふた、色模造紙（台紙用）
道具	はさみ、のり、ホチキス、木工用接着剤、両面テープ

作り方　折り方：P133

1 ピンクと茶系の色画用紙を幅1.5〜2cm×長さ12cmに切り、半分に折る。

2 1の先端を、折らずに内側へ曲げてホチキスでとめる。これを20個作る。

3 2を、右上の写真のように8〜12個組み合わせて、両面テープで固定する。

4 四角のチョコは茶系の折り紙で作って、デザイン柄折り紙を上部に飾る。丸いチョコはペットボトルのふたを折り紙やデザイン柄折り紙でくるみ、ビーズなどを木工用接着剤で貼る。

5 台紙にレースペーパーをのりで貼り、3と4をのりや両面テープで貼る。

てぶくろ

ちぎり絵

童話「手袋を買いに」をご存じですか。
きつねと人のふれあいを描いた素敵な
お話をモチーフに壁面飾りです。

材料　画用紙、色画用紙、折り紙、マスキングテープ、フェルト、大小の丸シール（黒・その他）、色模造紙（台紙用）

道具　はさみ、のり、水性ペン（黒）

作り方

型紙：P121

1 型紙を参考に、ピンクの色画用紙でてぶくろ（大）をつくり、画用紙にきつねの親子を書き写す。

2 折り紙を手でちぎり、きつねの親子にのりで貼る。

3 型紙を参考に、赤いフェルトでてぶくろ（小）を作り、2にのりで貼る。ペンで目を描き、鼻は丸シールを貼る。

4 てぶくろ（大）に、3のきつねの親子をのりで貼る。

5

4のてぶくろ（大）のまわりを、数種の柄のマスキングテープでふちどる。

6 5をのりで台紙に貼り、まわりに丸シールをちらす。

79

弥生（やよい）

3月

ひな祭り

ぬり絵

カラフルなぬり絵を連ねてみました。
壁だけでなく、窓辺やドアなどにも
合いそうです。

材料	画用紙、色画用紙、マスキングテープ、透明封筒袋（OPP袋）、ひも、色模造紙（台紙用）
道具	はさみ、のり、色鉛筆、水性ペン（黒・赤）

作り方　　型紙：P122

1 ぬり絵の型紙を画用紙に写して、色鉛筆でぬる。そのまわりに円を薄く描いておく。

2 1の円を切り、透明封筒袋に入れてマスキングテープでつなげる。上部にひもをつけ、マスキングテープでとめる。

3 型紙を参考に、桃の花と葉、橘の実と葉を色画用紙で作り、それぞれを台紙にのりで貼ってペンで線や花芯を描く。

4 台紙に2をマスキングテープで貼り、桃と橘は、のりで直接台紙に貼る。

うぐいす

うぐいすと梅。
春の訪れを告げるシンボルです。

材料	半紙、色画用紙、和柄折り紙、和紙風の紙、折り紙（金）、色模造紙（台紙用）

道具	はさみ、のり、絵の具、水性ペン（黒）

作り方

型紙：P122

1 半紙全体に、絵の具（ピンクと黄緑）を薄くぬる。

2 うぐいすを作る。型紙を参考に1の黄緑と薄い茶系の色画用紙でうぐいすのパーツを切り出し、のりで貼る。目はペンで描く。

3 梅の花を作る。花びらは1のピンクで丸型を5枚切り、金の折り紙で花びらより大きい丸を1枚切る。

4 金の丸を中心にして、花びら5枚を重ねてのりづけする。つぼみはピンクの1で小さめの丸型を3枚切り、茶の色画用紙で作ったガクをのりで貼る。

5 台紙に、型紙を参考に切った枝と和柄折り紙の山、和紙風の紙をちぎった雲をのりで貼り、2のうぐいすと4も同様に貼る。

蕨・蕗の薹

型紙：P123

山に春を呼ぶ、山菜たち。
それぞれの特徴をとらえるのがポイント！

材料 色画用紙、お花紙（2色）、ティッシュペーパー、モール（4色）、色模造紙（土・雪部分と台紙用）

道具 はさみ、のり、セロハンテープ

作り方

1 型紙を参考に、薄い黄緑の色画用紙で大小の蕗の薹をつくり、2枚を重ねる。

2 ティッシュペーパーを小さく丸めて黄色と白のお花紙で包み、茎部分をセロハンテープでとめる。これを数個まとめてセロハンテープでとめ、1の中心の穴に入れる。

3 2〜3色のモールをまとめてねじる。先端は丸める。

4 型紙を参考に、手でもんだ色模造紙2色で地面を作り、下から¾くらいのところをのりで台紙に貼る。

5 2を4の上に配置し、のりでとめる。3は4の下に差し込み、セロハンテープで貼りつける。

3月

たんぽぽ

じゃばら折りで作る、
ちょっとユニークな春の生き物たち。

材料	色画用紙、折り紙、和紙風の紙、楊枝、モール、色模造紙（台紙用）
道具	はさみ、のり、糸、色鉛筆、水性ペン（黒）

※たんぽぽにする折り紙の中央に、あらかじめオレンジや黄緑の色鉛筆で色をぬっておく。

作り方

型紙：P123

1 黄色と白の折り紙（※）を幅5mm程のじゃばらに折り、半分に折って真ん中を糸で結ぶ。

2 真ん中に楊枝を入れ、じゃばらの両端面をのりでしっかり貼る。

3 綿毛は、中心を色鉛筆で黄緑色にぬった白い折り紙で、ちょうは紫の折り紙で幅5

mm程のじゃばらに折る。真ん中をモールでとめる。綿毛は先端で円を作り、ちょうは先端を丸める。

4 かまきりの羽は、折り紙でつくったじゃばらを二つ折りにして黄緑の色画用紙をのせ、のりで貼る。

5 台紙に、黄緑の和紙風の紙をのりで貼り、2、3、4と型紙を参考に色画用紙で作ったかまきりのからだ、犬、たんぽぽの葉も貼る。犬の目と鼻はペンでぬる。

いちご狩り

赤く色づいたいちご。
春の日のいちご狩りを想像して
みましょう。

材料	折り紙、グラデーション折り紙、毛糸、丸シール（黄）、色模造紙（台紙用）
道具	はさみ、のり、セロハンテープ、木工用接着剤

作り方

型紙：P123

1 折り紙、グラデーション折り紙でいちごを折る。

折り方：P133

2 型紙を参考に、いちごの花や葉を折り紙、グラデーション折り紙で作り、花の真ん中に、丸シールを貼る。

3 台紙に、大中小のいちごと2を配置して、のりで貼る。

4 黄緑の毛糸をツルに見立てて、先端をいちごの裏側などに、セロハンテープでとめ、ところどころを木工用接着剤で台紙に貼る。

思い出の写真を素敵にディスプレイ　壁面アルバム

みんなで楽しむレクリエーションや行事イベントで撮影した大切な記念の写真を、簡単にセンスよく飾れるアイデアを紹介します。一度作ってしまえば、写真やイベント名、飾りつけを貼り替えるだけで、何度でも使えます。

ボード飾りアルバム

型紙：P124～125　　折り方：P134

作り方　ボード飾りアルバム

❶ B3サイズの厚めの紙板をボードにする。19×13.5cmのプラスチックケースを半分に切る。両面テープをつけ、ボードに貼る。

両面テープ

❷ コルクシート15×30cmを両面テープでボードに貼る。

❸ 好きな色画用紙に白い紙をのりで貼り、アルバム名を書く。これをマスキングテープでコルクシートに貼る。

❹ 飾りの花、葉（P124～125、134参照）と紙ひもでツルを作る。マステのりで❸の上に貼る。

丸シールを貼る。

「マステのり」とは、マスキングテープの粘着部分を表にして輪にすること。

吊るし飾りアルバム

春のお楽しみ会

みんなで
ゲーム大会。
盛り上がり
ましたね！

ご近所へ
お花見に
行きました。

春

縦に何枚でも写真を
増やせるのがポイント

型紙：P124〜125

作り方 吊るし飾りアルバム

❶ 1㎝角、長さ60㎝の角材にマスキングテープを貼る。

❷ 写真入れは31.5 × 12.5㎝の色画用紙で作る。

- 2.5㎝
- 2㎝ 中央を切り抜く。
- 2.5㎝
- ←15.5㎝→ ←16㎝→

a ひもの上下は机にテープでとめると作業しやすい。

❸ 細いひもを約50㎝（縦3段の場合）2本を、写真入れの真ん中と右端に置く。下記の a 〜 c の後に点線部分で折り、❶の角材にしばりつける。

b ひもをセロハンテープでとめる。

c それぞれ上下に両面テープを貼る。

❹ 飾りを作る。細いひもを約60㎝用意する。

d 色画用紙3×6㎝を、ひもを間にはさんで半分に折り、両面テープで貼り合わせる。

両面テープ

e 桜や梅（P124〜125参照）を作り、マスキングテープでひもにとめる。

❺ 飾りをつけ（d、e参照）、❶にしばりつける。

❻ 花や葉の形をしたふせんにメッセージやアルバム名を書いて貼る。

ウエルカムボード

お知らせや催し物の案内を掲示したり季節の写真を貼って飾ったりできる布製案内板。貼ってはがせるマスキングテープは布との相性も良くしっかりと貼ることができます。ベース部分の木の枝や英字をマスキングテープでつくり、季節ごとに花や木のモチーフの装飾を替えるだけのボードです。

春
桜

5枚の花びらを重ねてつくる桜

花や葉は、折り紙や色画用紙でも良いですが、和紙でつくるのもおすすめです。和紙の持つ温かみと優しさが出て、ぐっと素敵になります。

型紙：P124

色とりどりの花が次々に咲いて、待ちに待った春の訪れですね。今月はお花見があ りますよ！

作り方　●マステのりはP86参照。

土台

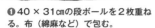

❷マスキングテープでとめる。

❶40×31cmの段ボールを2枚重ねる。布（綿麻など）で包む。

❸好きな色や模様のマスキングテープで木の枝を描くように貼る。同じように、下部分に「WELCOME」となるように貼る。

葉（夏・秋・冬）　葉（P125参照）

❶和紙などを半分に折り、斜線部を切る。

❷切ったら、下部分をこよりのように綯る。先をマスキングテープの木の枝にはさむ。

桜（春）　花びら（P124参照）

❶和紙を重ねて斜線部を切る。

❷花びら5枚をのりでつなげて、葉をのりで貼る。

❸裏にマステのりをつけ、土台の枝に貼る。

葉（P124参照）

朝顔（夏）

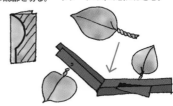

❶花部分はカップケーキの紙カップ（直径約4cm）を使う。

❷つぶして真ん中でねじる。

❸葉部分（P125参照）は和紙を半分に折り、斜線部を切る。

❹ツルは紙ひも。

❸黄色の折り紙を丸めて切り込みを入れる。

❺土台にマスキングテープで茎をつくり、上から花、葉、ツルをマステのりではる。

雪・椿（冬）

❶手芸綿を丸めてマステのりで土台に貼る。

❷白の薄紙やティッシュペーパーを重ねて折りたたむ。

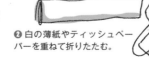

❹❸の裏側にマステのりを貼り、❷の内側にとめる。マステのりで土台に貼る。

夏 朝顔

**紙カップでできる
簡単な朝顔**

朝顔は折り紙で作る朝顔
（P42参照）を貼っても
良いでしょう。ひまわりや
麦わら帽子などのモチーフ
も夏らしくて◎。

型紙：P125

秋 紅葉

**葉の色を変えて
紅葉の彩りに**

色づいた葉のみのシンプル
なデザインのほうが秋の
しっとりとした世界を表現
できます。枝から散る葉を
ちらすなど、細かなところ
にもこだわってみましょう。

型紙：P125

冬 白椿

**白椿モチーフで
おしゃれに見せる**

作品は白椿にしましたが、
お花紙などを使って赤色の
椿にしてもよいでしょう。
葉は他の季節より少なめに
し、色合いも青々しさを抑
えめの素材を選びましょう。

型紙：P125

たくさんの温かいメッセージが書ける 寄せ書き色紙

1枚に多くのコメントを書くことができる「寄せ書き」もアイデア次第で、華やかで楽しいデザインになります。お誕生日はもちろん、長寿のお祝いや敬老の日など様々なシーンで使えます。メッセージは別紙に書いて貼るというスタイルにすると、失敗しても何度でも書き直せるのでおすすめです。

楽しいおうちの寄せ書き

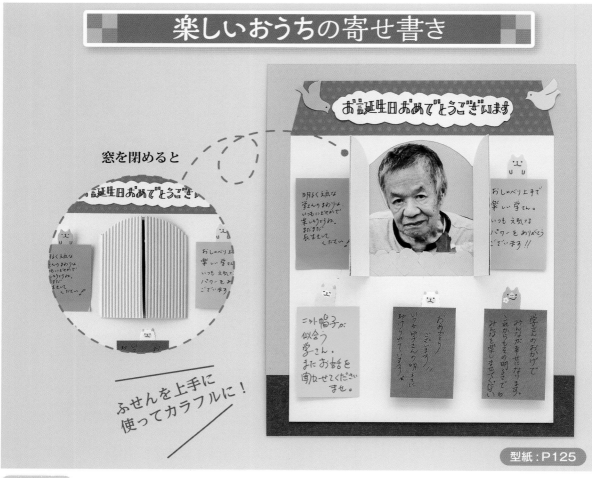

窓を閉めると

ふせんを上手に使ってカラフルに！

型紙：P125

作り方

楽しいおうちの寄せ書き

❶25×35cmの紙製のボードの下部に5cm幅の色紙をのりで貼る。

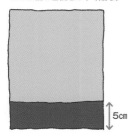

5cm

❷家は21×28cmの色画用紙に5cmの屋根の紙をのりで貼り、斜線部を切る。

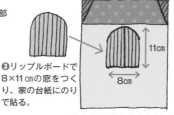

11cm
8cm

❸リップルボードで8×11cmの窓をつくり、家の台紙にのりで貼る。

❹太線部分を家の台紙ごとカッターで切る。

❼白画用紙を雲の形に切り、メッセージを書き、色紙でこどり（P125参照）をつくり、屋根にのりで貼る。

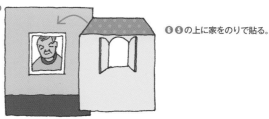

❺❺の、窓から顔が見えるような位置に写真をのりで貼る。

❻❺の上に家をのりで貼る。

❽5×7cmのふせんにメッセージを書き、キャラクターふせんをはさんで貼る。

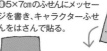

キャラクターふせん

寿山福海
田辺 柚子 様

また一緒に
散歩しましょうね。
楽しみにしています。
町田

いつも
楽しい話を
ありがとう
ございます。
中野

田辺さんの
笑顔が大好きです。
いつまでも
お元気で!!
高橋

お誕生日
おめでとうございます!
いつまでも
お元気でいてください。
吉田

いつも
ピンクが
とっても
似合ってますネ
森本

お誕生日
おめでとうございます。
いつまでも 若々しい笑顔
を見せてくださいね!!
橋本

全体を和風に
まとめてシックに!

型紙：P124～125　折り方：P134

作り方

扇子デザインおしゃれ寄せ書き

❶24×24cmの厚紙の中央に、23×23cmの
色画用紙を両面テープで貼る。次に1.5cm幅の
マスキングテープを周囲に貼る。

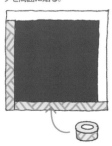

両面テープ

❸色画用紙に名前などを
書いて雲のような形に
切ってのりで貼る。

❹梅や花（P125参照）
に切った紙に写真やメッ
セージを書いて、全体を
両面テープで浮かせる
ように貼る。葉（P124
参照）を切り、花の裏側
にのりで貼る。

扇面と合わせ
たときに骨部
分の本数が多
ければ、切っ
てもよい。

❷扇面と骨部分の３つの
パーツ（P134参照）をそ
れぞれつくり、のりで❶に
貼る。さらに蝶結びしたひ
もを木工用接着剤で貼る。

写真を入れて贈りたい… お誕生日カード

左ページでは落ち着いた和風テイストカード、右ページではふんわりと優しい洋風テイストカードを紹介しています。どのカードにも写真を入れられるような工夫を施し、また、プレゼントされる方の顔写真が明るく華やかに見えるよう、特に写真のまわりの装飾や色調にこだわりました。

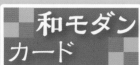
和モダンカード

和の風合いを生かす紙や色合いを選んで

カードの色を選ぶときは、写真を入れる方の顔がパッと華やかに見えるようなカラーにしましょう。

写真の下は

折り鶴の「祝」カード

縦長の写真にぴったり！

折り方：P135

表を見ると

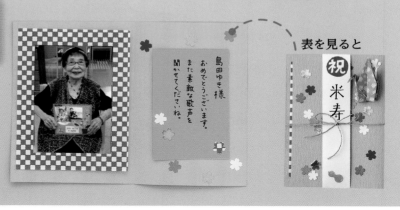

作り方　和モダンカード

❶14×25cmの色画用紙に折り線をつける。斜線部を切る。

❷下から3cmのところに4cmの切り込みを入れる。

❸図の位置に和柄折り紙を貼り、中央の10.5×7.5cmを切り抜く。裏側から写真が見えるようにのりで貼る。

❹紙ひもを蝶結びにしてのりで貼る。

❺6×1cmの色紙に名前を書き、のりで貼る。

❻名刺サイズのカードにメッセージを書き、裏側のⒶ部分にマスキングテープで貼る。

折り鶴の「祝」カード

❶21×15cmの色画用紙に写真をのりで貼る。

❷6.5×10cmの色画用紙などにメッセージを書き、のりで貼る。

❸桜のクラフトパンチで桜をつくり、好きなところにのりで貼る。

❹10×13cmの和柄折り紙を周囲1.5cm残して中央を切り抜き、のりで貼る。

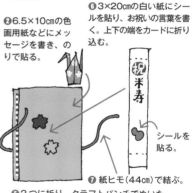

❺2つに折り、クラフトパンチでぬいた桜と鶴（P135参照）をのりで貼る。

❻3×20cmの白い紙にシールを貼り、お祝いの言葉を書く。上下の端をカードに折り込む。

❼紙ヒモ（44cm）で結ぶ。

シールを貼る。

表を見ると

型紙：P125

フォトスタンドにも
アレンジできる

折って立たせればお部屋に
も飾っておける、アイデア
カードです。

組み立てると

レースペーパー
使いがポイント！

フラワーブックのカード

ページをめくると

表を見ると

作り方　写真立てカード

❶16×36cmの色画用紙
を三つ折りにして折り
線をつける。

❷直径10cmのレース
ペーパーを❶の上部
にのりで貼り、色画
用紙ごとレースペー
パーの真ん中をカッ
ターで切る。

❸写真をレースの窓から見
えるようにのりで貼る。

❹リボン（P125参照）に
名前を書き、のりで貼る。

❺リボン（50cm）を
裏から通しておく。

❻紙にメッセージを書き、
レーステープで貼る。

❼薄紙で花や四つ葉（P125参照）
をつくり、好きなところにのりで貼り、
好みで丸シールを貼る。リボンを結び、
お祝いのカードをはさむ。

フラワーブックのカード

❶44×11cmの色画用紙
を四つ折りにして折り線
をつける。

❷直径10cmのレースペーパーを貼り、中
央を色画用紙ごと切る。リボン（P125
参照）に年齢を書き、のりで貼る。

❸紙にメッセー
ジを書き、レース
テープで貼る。

❹写真を裏側から両
面テープで貼る。

❺レースペーパーで飛び出す
ようにつくり、のりで貼る。

❻ひと結びしたリボンをのりで貼る。

❼薄紙の花（P125参照）を好
きなところにのりで貼り、好み
でラインストーンシールを貼る。
丸く切った色画用紙に名前や
メッセージを書いてのりで貼る。

❽じゃばらに折る。

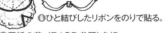

❾リボンをのりでつけて半分に切った
レースペーパーをその上からのりで貼る
（反対側も同様に）。

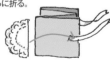

93

ちょっと伝える ときに大活躍！ メッセージカード

連絡事項やちょっとした伝言にも使える、ひと言サイズのカードのアイデアです。紙を切ったり、マスキングテープやひもをつけたりするだけでも、驚くほどおしゃれなカードになります。手作りカードの良さはいつもの何気ない言葉でも、より相手に気持ちが伝わりやすくなることです。

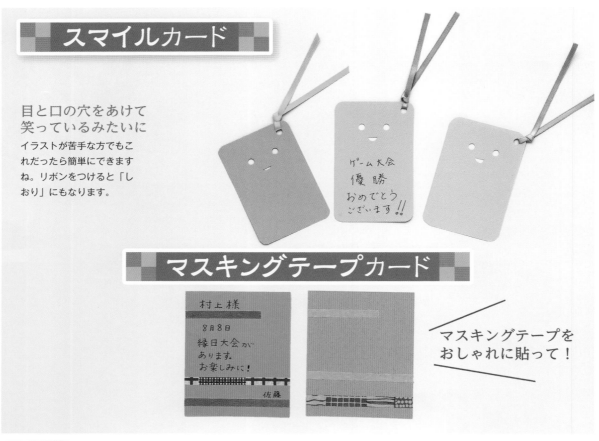

スマイルカード

目と口の穴をあけて
笑っているみたいに

イラストが苦手な方でもこれだったら簡単にできますね。リボンをつけると「しおり」にもなります。

マスキングテープカード

マスキングテープを
おしゃれに貼って！

作り方　スマイルカード

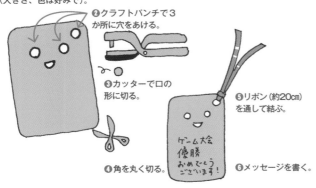

❶色画用紙 7×10cmを用意する
（大きさ、色は好みで）。

❷クラフトパンチで3
か所に穴をあける。

❸カッターで口の
形に切る。

❹角を丸く切る。

❺リボン（約20cm）
を通して結ぶ。

❻メッセージを書く。

マスキングテープカード

❶色画用紙 8×10cmを用意する
（大きさ、色は好みで）。

名前はここに書く。

❷6mm幅のマスキング
テープ（2種類）を図の
位置に貼る。

❸名前やメッセージを
書く。

94

縁起物が
かわいいカードに！

手に「招福」
小判を持たせて

招福

めくると

笑う門には
福来たる！
いつも明るい笑顔で
いてくださいね。

お元気になられて
よかったですね。
またお得意の落語
聞かせてくださいね
スタッフ一同

中を開くと

型紙：P125

シンプルミニカード

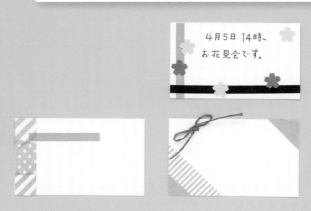

4月5日 14時～
お花見会です。

縦、横、斜めに
貼るだけで OK

無地のカードも手持ちのマスキングテープを貼って個性的なデザインカードにしましょう。

作り方

だるまカード

❶11×22cmの色画用紙を半分に折る。斜線部を切る（P125 参照）。

❷白画用紙を顔の形に切り、目や眉、鼻、口をペンで描き、ほおに折り紙をのりで貼る。

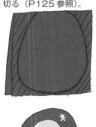

❹写真を切ってのりで貼る。

❸色画用紙で椿をつくり、のりで貼る。

招き猫カード

❶11×11cmの画用紙を招き猫の形に切る（P125参照）。ペンで顔や手足、耳を描く。

❷6cmの赤いひもをのりで貼る。

❸金色の折り紙で直径2cmの鈴をつくり、のりで貼る。

❹6×4cmの色画用紙を半分に折り、斜線部分を切る。

❺表や中面にメッセージを筆ペンで書く。

シンプルミニカード

名刺サイズのカードに図のようにマスキングテープを貼る。それぞれ飾りを貼る。
※貼り方は好きにアレンジして。

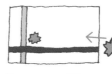

クラフトパンチでぬいた桜をのりで貼る。

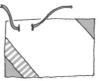

5mmの切り込みを2か所入れて、紙ひも（16cm）を蝶結びにする。

紙ひも（12cm）を輪にしてマスキングテープでとめる。

95

型紙の使い方・使用方法

本書に掲載している作品の型紙です。型紙をそのままの大きさでコピーしたり、
拡大・縮小して使ってください。（型紙の使い方は P11 でもご紹介しています）。

【拡大コピーして使う場合】

1. 作品を選び、どれくらいの大きさでつくるかを決めて、その長さ（高さ）を計る。

2. 実際に飾る際の作品の大きさ÷本書の型紙のサイズ× 100 ＝コピーの倍率（%）
　　＊同じ作品（各月ごと）の型紙は、基本的に同じ比率（上の青字で割り出した倍率）でコピーしてください。
　　　200% 拡大、400% 拡大と書かれた型紙は、同じ作品内の他の型紙に対しての拡大および縮小率です。

3. コピー用紙を画用紙（写したい紙）にのせてボールペンで型紙の線を強くなぞる。
　　必要があれば画用紙についた溝を、鉛筆や水性ペンでなぞる。

【切り紙を作る場合】

1. 作りたい作品の型紙を選ぶ。

2. 型紙の近くに（10折り）（12折り）と折り数が書いてあるので、それに合うように折る。
　　＊下の折り方をご参照ください。折るときに P97 の角度を参考にするときれいに折れます。

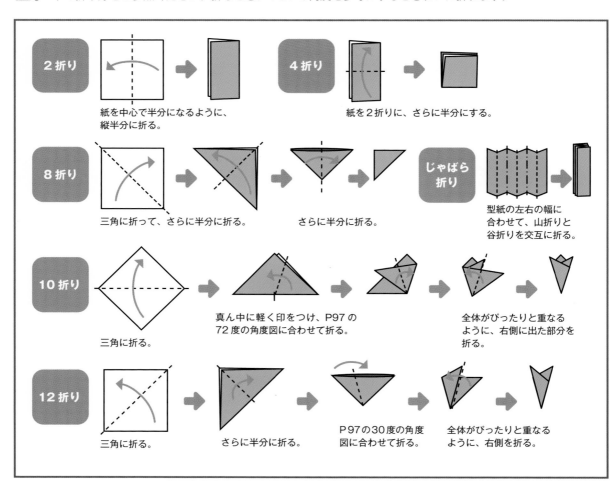

2折り　紙を中心で半分になるように、縦半分に折る。

4折り　紙を2折りに、さらに半分にする。

8折り　三角に折って、さらに半分に折る。　さらに半分に折る。

じゃばら折り　型紙の左右の幅に合わせて、山折りと谷折りを交互に折る。

10折り　三角に折る。　真ん中に軽く印をつけ、P97 の 72 度の角度図に合わせて折る。　全体がぴったりと重なるように、右側に出た部分を折る。

12折り　三角に折る。　さらに半分に折る。　P97 の30度の角度図に合わせて折る。　全体がぴったりと重なるように、右側を折る。

本書での折り方、切り紙用ガイド

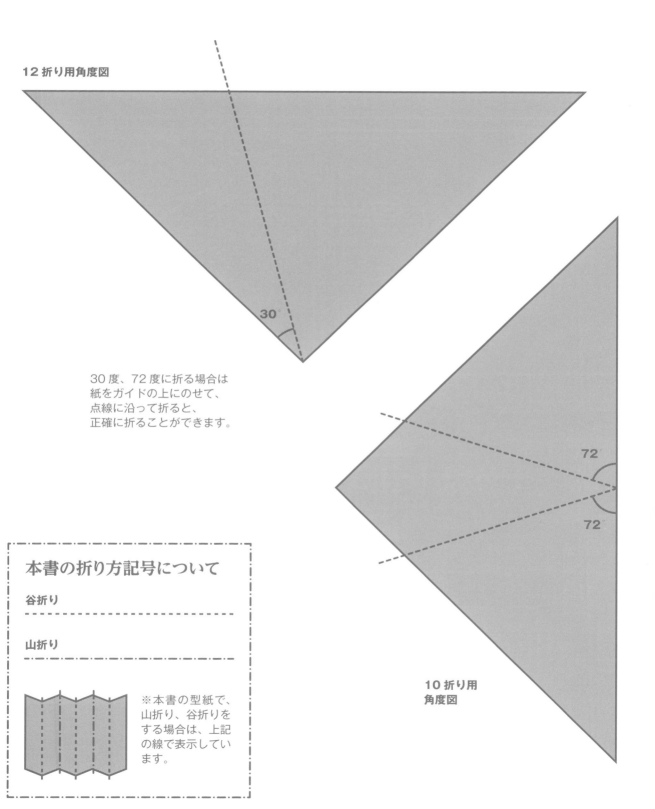

12折り用角度図

30

30度、72度に折る場合は
紙をガイドの上にのせて、
点線に沿って折ると、
正確に折ることができます。

72

72

本書の折り方記号について

谷折り

- - - - - - - - - - - - - - - -

山折り

- · - · - · - · - · - · - · -

※本書の型紙で、
山折り、谷折りを
する場合は、上記
の線で表示してい
ます。

**10折り用
角度図**

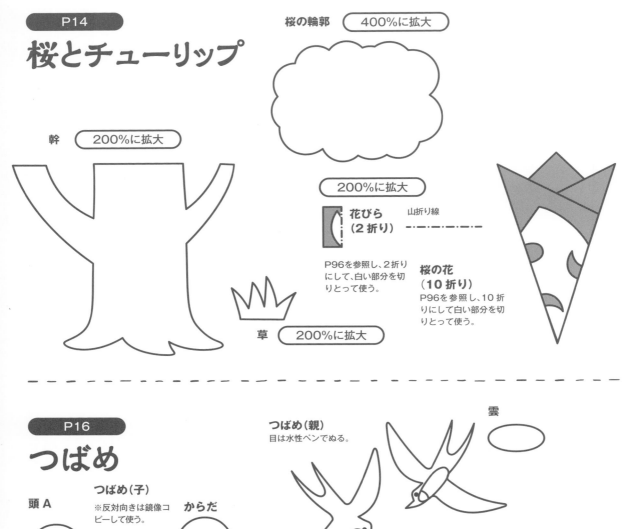

P14

桜とチューリップ

桜の輪郭　400%に拡大

幹　200%に拡大

200%に拡大

花びら（2折り）　山折り線

P96を参照し、2折りにして、白い部分を切りとって使う。

桜の花（10折り）
P96を参照し、10折りにして白い部分を切りとって使う。

草　200%に拡大

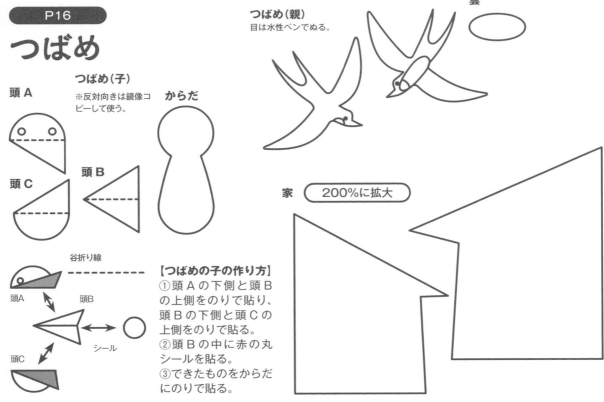

P16

つばめ

つばめ（親）
目は水性ペンでぬる。

雲

頭A

つばめ（子）
※反対向きは鏡像コピーして使う。

からだ

頭C　頭B

家　200%に拡大

谷折り線

頭A　頭B

シール

頭C

【つばめの子の作り方】
①頭Aの下側と頭Bの上側をのりで貼り、頭Bの下側と頭Cの上側をのりで貼る。
②頭Bの中に赤の丸シールを貼る。
③できたものをからだにのりで貼る。

P98 ～ 123 でご紹介している型紙は、作品ページごとに同じ比率で拡大や縮小をしてください。
ただし、 200%に拡大 400%に拡大 など、特別に明記しているものは、明記していない型紙に対しての比率です。

P17

菜の花

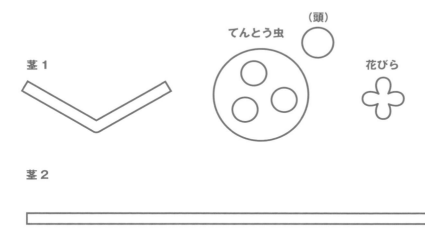

茎1

てんとう虫

（頭）

花びら

茎2

P18

竹の子

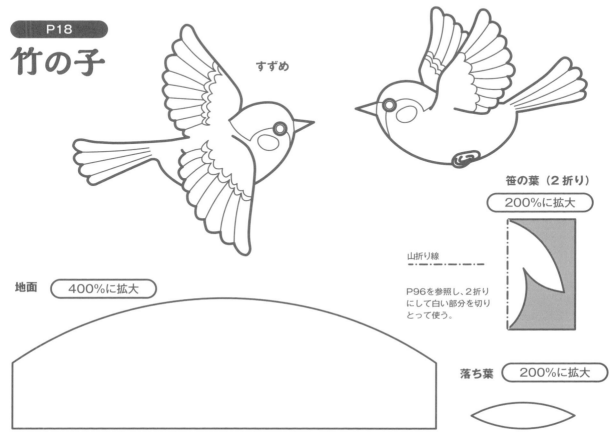

すずめ

笹の葉（2折り）

200%に拡大

山折り線

P96を参照し、2折り
にして白い部分を切り
とって使う。

地面 400%に拡大

落ち葉 200%に拡大

型紙はすべてつくりたい大きさを考慮し、P96を参考にコピーの拡大縮小をしてから制作しましょう。

P19

めだかのがっこう

めだかの型

※■部分をカッター
で切り抜く。

水草1

水草2

P20

こいのぼり

うろこ　　　背ビレ　　　胸ビレ・腹ビレ　　　　　波
　　　　　　　　　　　（同じ型紙を使う）

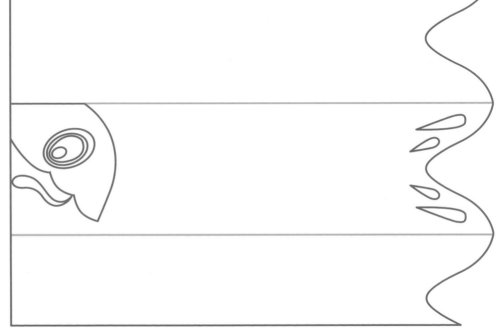

顔とからだ

こいのぼりは、筒状に
丸めて使う。P20を参
照。

P98～123でご紹介している型紙は、作品ページごとに同じ比率で拡大や縮小をしてください。
ただし、 200%に拡大 　 400%に拡大 　など、特別に明記しているものは、明記していない型紙に対しての比率です。

P22
カーネーション

葉

ハート

P23
金太郎

山 　200%に拡大

草原 　200%に拡大

うさぎ

きつね

からす

金太郎とくま

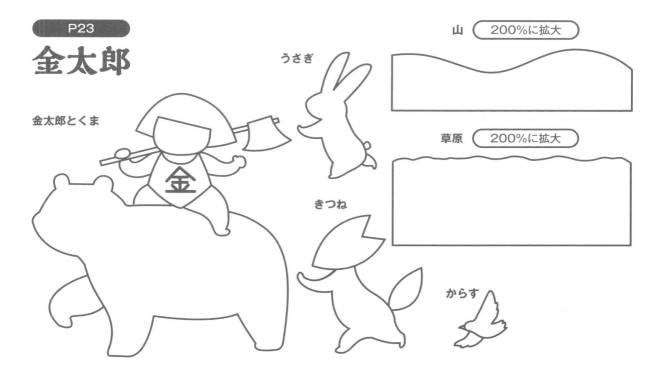

P24
兜と柏餅

柏の葉

兜

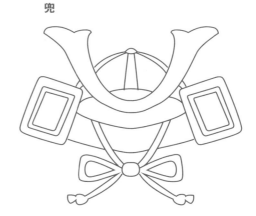

型紙集

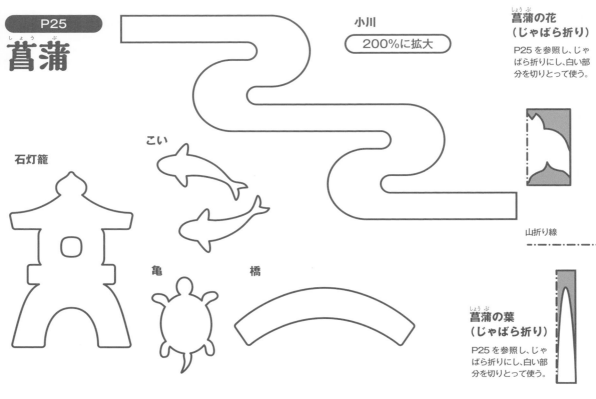

P25

菖蒲（しょうぶ）

小川
200%に拡大

石灯籠

こい

亀

橋

菖蒲の花（じゃばら折り）

P25を参照し、じゃばら折りにし、白い部分を切りとって使う。

山折り線

菖蒲の葉（じゃばら折り）

P25を参照し、じゃばら折りにし、白い部分を切りとって使う。

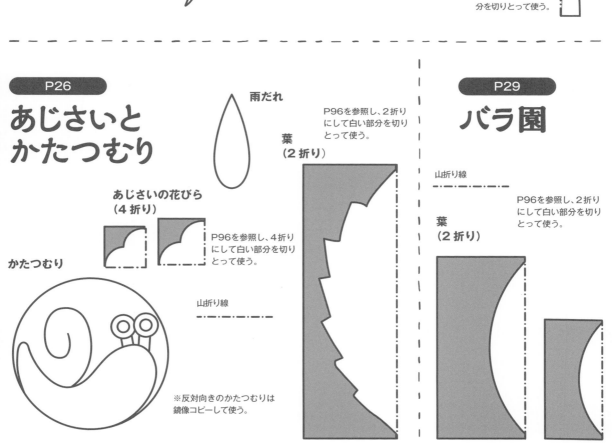

P26

あじさいと かたつむり

雨だれ

葉（2折り）

P96を参照し、2折りにして白い部分を切りとって使う。

あじさいの花びら（4折り）

P96を参照し、4折りにして白い部分を切りとって使う。

山折り線

かたつむり

※反対向きのかたつむりは鏡像コピーして使う。

P29

バラ園

山折り線

P96を参照し、2折りにして白い部分を切りとって使う。

葉（2折り）

P98 ～ 123 でご紹介している型紙は、作品ページごとに同じ比率で拡大や縮小をしてください。
ただし、 200%に拡大 400%に拡大 など、特別に明記しているものは、明記していない型紙に対しての比率です。

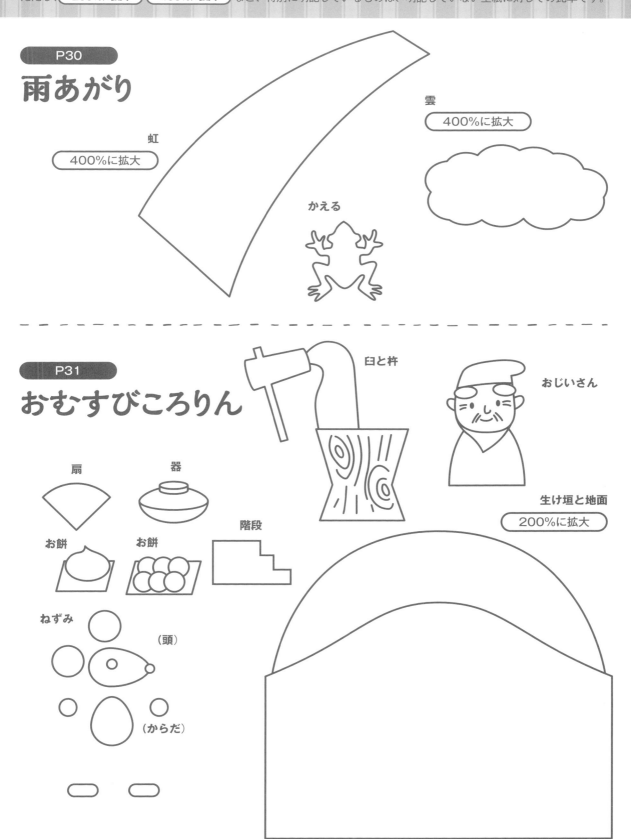

P30

雨あがり

虹
400%に拡大

雲
400%に拡大

かえる

P31

おむすびころりん

臼と杵

おじいさん

扇　　　器

階段

生け垣と地面
200%に拡大

お餅　　お餅

ねずみ

（頭）

（からだ）

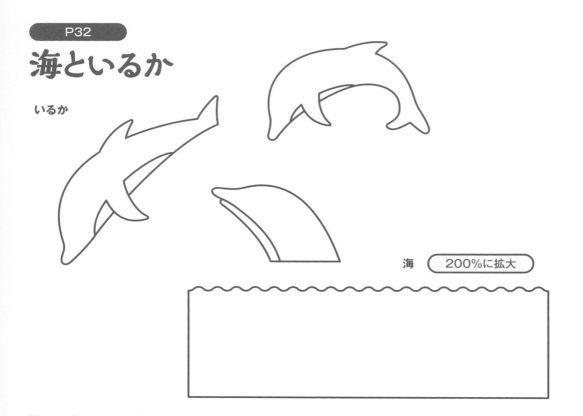

P32

海といるか

いるか

海　200%に拡大

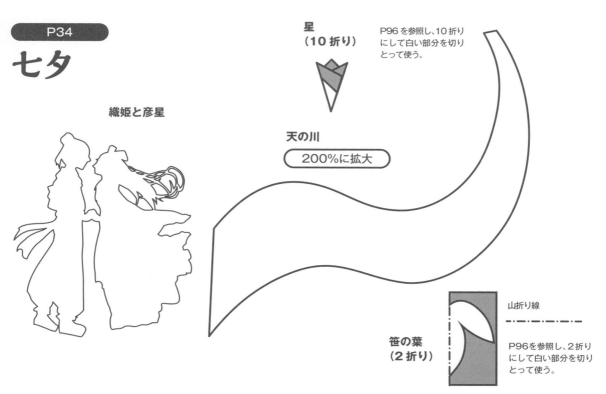

P34

七夕

織姫と彦星

星
（10折り）

P96を参照し、10折りにして白い部分を切りとって使う。

天の川

200%に拡大

山折り線

笹の葉
（2折り）

P96を参照し、2折りにして白い部分を切りとって使う。

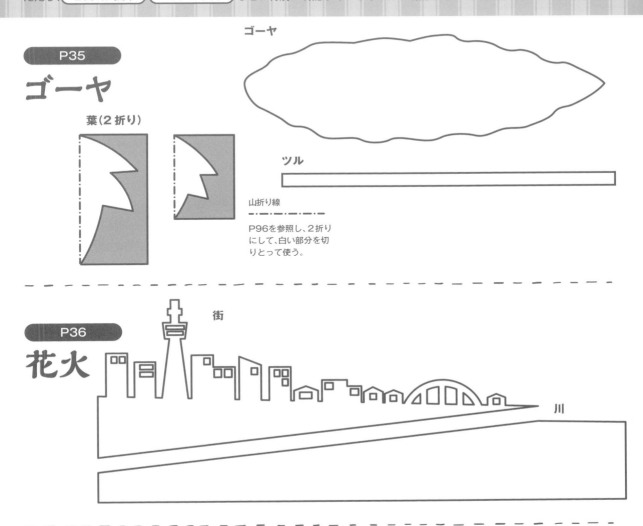

P35

ゴーヤ

ゴーヤ

葉（2折り）

ツル

山折り線
P96を参照し、2折り
にして、白い部分を切
りとって使う。

P36

花火

街

川

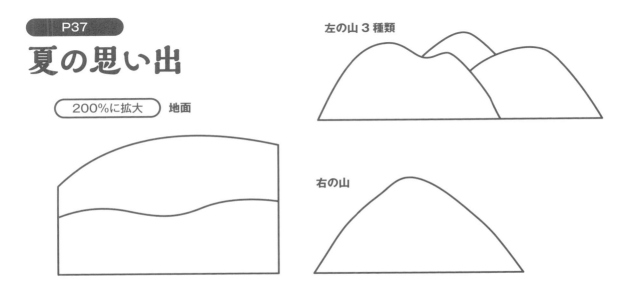

P37

夏の思い出

左の山3種類

200%に拡大 地面

右の山

型紙集

型紙はすべてつくりたい大きさを考慮し、P96を参考にコピーの拡大縮小をしてから制作しましょう。

P38 かき氷

すいか（大）

すいか（小）

【すいかの作り方】
赤と緑の色画用紙で大小の土台をつくり、合わせてのりで貼って、種をペンで描く。

ラムネ　かき氷　スプーンの柄

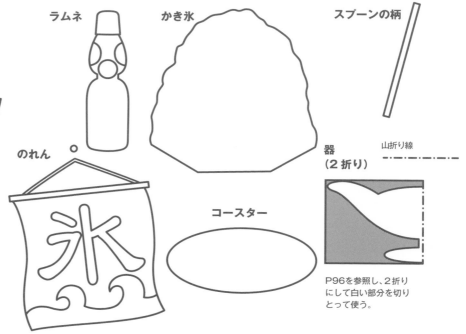

のれん

コースター

器（2折り）　山折り線

P96を参照し、2折りにして白い部分を切りとって使う。

P40 ひまわり

雲

太陽

谷折り線
山折り線

少年　虫網

帽子のつば

帽子の天井

■ 部分を切り抜く。

帽子の側面

帽子のリボン　左右の対角に切り込みを入れる。

山　300％に拡大

葉（2折り）　山折り線

P96を参照し、2折りにして白い部分を切りとって使う。

草　300％に拡大

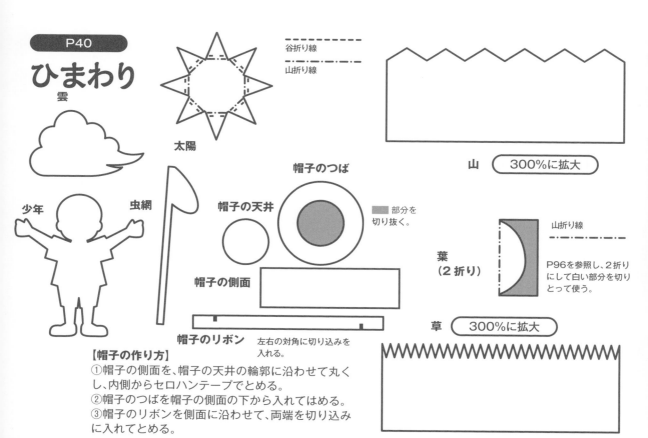

【帽子の作り方】
①帽子の側面を、帽子の天井の輪郭に沿わせて丸くし、内側からセロハンテープでとめる。
②帽子のつばを帽子の側面の下から入れてはめる。
③帽子のリボンを側面に沿わせて、両端を切り込みに入れてとめる。

P98〜123でご紹介している型紙は、作品ページごとに同じ比率で拡大や縮小をしてください。
ただし、 200%に拡大 400%に拡大 など、特別に明記しているものは、明記していない型紙に対しての比率です。

P41

風鈴

山折り線
-・-・-・-・-

切り抜く絵柄に合わせて2
折りにし、■■部分を切り
とる。

200%に拡大

風鈴（2折り）

きんぎょ
（2折り）

朝顔の花
（2折り）

朝顔の花の形を真ん中で
折ってから切りとる。

月
（2折り）

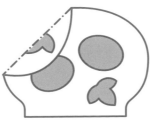

朝顔の葉（2折り） 朝顔の葉の形を真ん中で
折ってから切りとる。

花
（2折り）

P42

うちわ

山折り線
-・-・-・-・-

P96を参照し、2折り
にして白い部分を切り
とって使う。

朝顔の葉（2折り）

ちょうちん

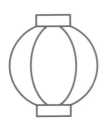

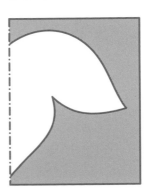

P43
竜宮城

乙姫

羽衣

たこ
（2折り）

浦島太郎

釣り竿

釣り竿に黒い糸をつけ、釣り糸に見立てる（P43参照）。

山折り線

P96を参照し、2折りにして白い部分を切りとって使う。

亀

亀のお尻に、スズランテープを細く切って、セロハンテープで貼る（P43参照）。

波

【魚の作り方】
①魚を切り出したら山折り線で折り、切り込みを重ねてのりで貼り、少し立体感を出す。
②魚のヒレをエラに差し込み裏からセロハンテープで貼る。

※反対向きは鏡像コピーして使う。

魚（2折り）

P96を参照し、2折りにして白い部分を切りとって使う。

竜宮城

海草

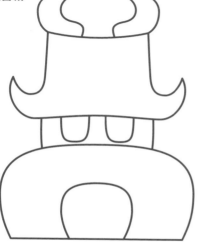

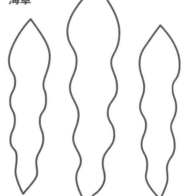

山折り線

切り込み線

この太い線の部分はカッターやはさみで切り込みを入れておく。

魚のヒレ

魚のエラの切り込みにはさむ。

P98 ～ 123 でご紹介している型紙は、作品ページごとに同じ比率で拡大や縮小をしてください。
ただし、 200%に拡大 400%に拡大 など、特別に明記しているものは、明記していない型紙に対しての比率です。

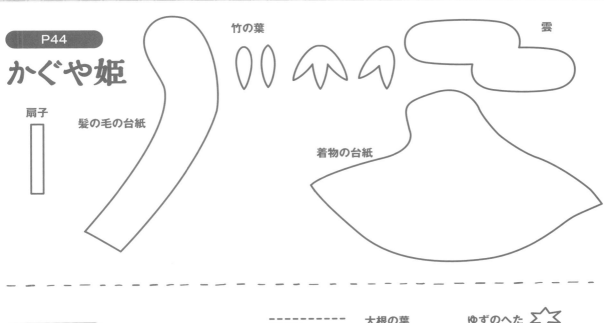

P44

かぐや姫

竹の葉

雲

扇子

髪の毛の台紙

着物の台紙

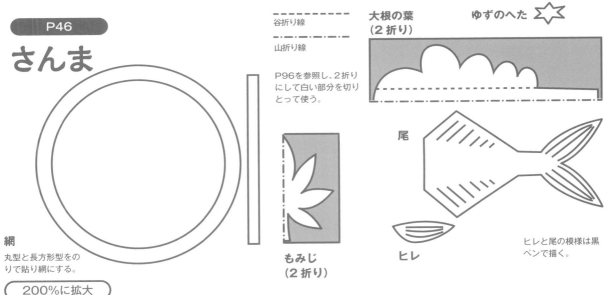

P46

さんま

谷折り線

山折り線

P96を参照し、2折りにして白い部分を切りとって使う。

大根の葉
（2折り）

ゆずのへた

尾

もみじ
（2折り）

ヒレ

ヒレと尾の模様は黒ペンで描く。

網
丸型と長方形型をのりで貼り網にする。

200%に拡大

P47

きのこ狩り

切り株
200%に拡大

落ち葉

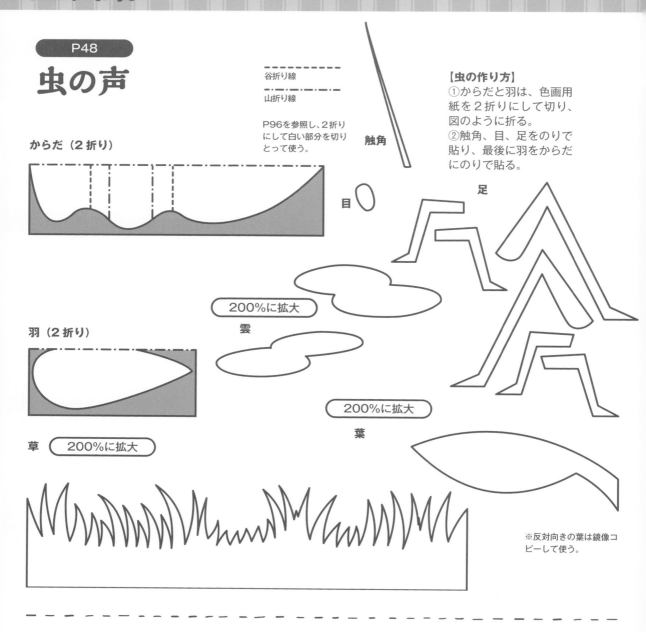

P48

虫の声

- - - - - - - 谷折り線

― ― ― ― ― 山折り線

P96を参照し、2折りにして白い部分を切りとって使う。

触角

からだ（2折り）

目

足

【虫の作り方】

①からだと羽は、色画用紙を2折りにして切り、図のように折る。

②触角、目、足をのりで貼り、最後に羽をからだにのりで貼る。

羽（2折り）

雲

200%に拡大

200%に拡大

葉

草 200%に拡大

※反対向きの葉は鏡像コピーして使う。

P49

彼岸花

ちょう（2折り）

山折り線

P96を参照し、2折りにして白い部分を切りとって使う。

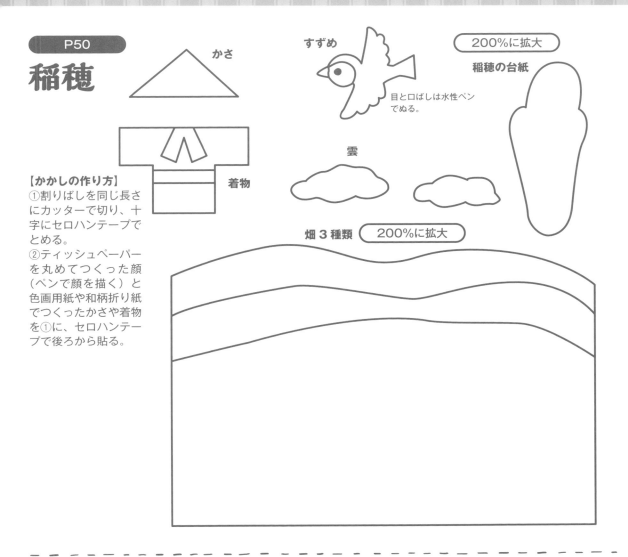

P50
稲穂

かさ

すずめ

200%に拡大

稲穂の台紙

目と口ばしは水性ペンでぬる。

雲

【かかしの作り方】
①割りばしを同じ長さにカッターで切り、十字にセロハンテープでとめる。
②ティッシュペーパーを丸めてつくった顔（ペンで顔を描く）と色画用紙や和柄折り紙でつくったかさや着物を①に、セロハンテープで後ろから貼る。

着物

畑3種類 200%に拡大

P52
運動会

子ども

P53

コスモス畑

山折り線

P96を参照し、2折りにして白い部分を切りとって使う。

葉（2折り）

コスモス（8折り）

P96を参照し、8折りにして白い部分を切りとって使う。

茎　2か所を折って使う（P53参照）。

山折り線

谷折り線

風車建物

■部分をカッターで切り抜く。

山

200%に拡大

※反対向きは鏡像コピーして使う。

風車

P54

夕焼け小焼け

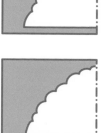

とんぼの羽

木3種類（2折り）

P96を参照し、2折りにして白い部分を切りとって使う。

山折り線

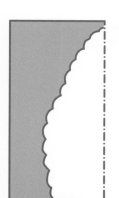

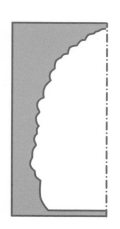

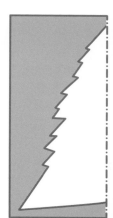

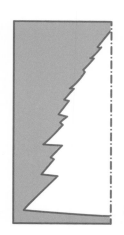

P98〜123でご紹介している型紙は、作品ページごとに同じ比率で拡大や縮小をしてください。
ただし、 200%に拡大 400%に拡大 など、特別に明記しているものは、明記していない型紙に対しての比率です。

P55
ハロウィン

月

こうもり

かぼちゃ

おばけ

「こうもり」「かぼちゃ」「おばけ」
はP55を参照してじゃばらに
折る。■の部分を切りとって
開く。

山折り線
–·–·–·–·–·–·–

「かぼちゃ」「おばけ」の目は、カッターやクラフトパンチな
どで切り抜くといい。

星 ☆

文字

Halloween

P56
紅葉

夕陽

枝

五重塔

鳥

鹿

山3種類 200%に拡大

113

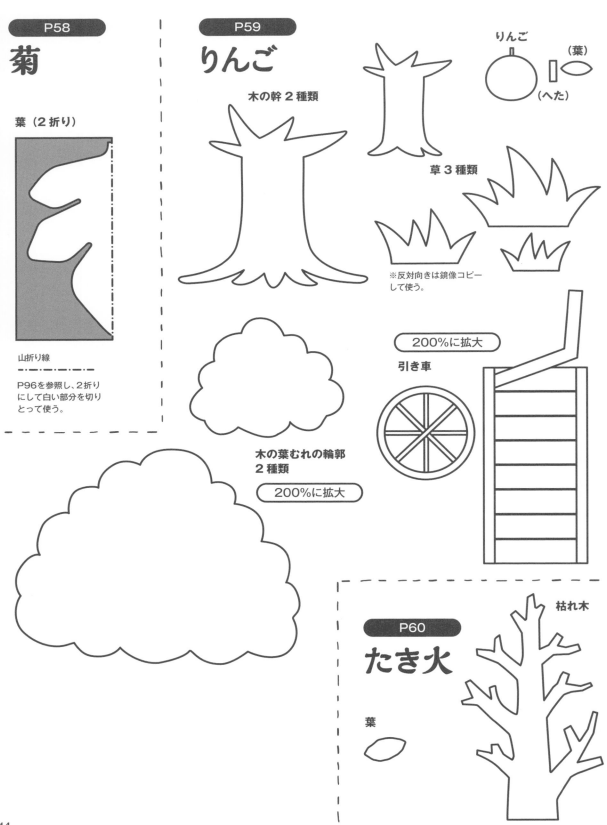

P58

菊

葉（2折り）

山折り線

P96を参照し、2折り
にして白い部分を切り
とって使う。

P59

りんご

木の幹2種類

りんご

（葉）

（へた）

草3種類

※反対向きは鏡像コピー
して使う。

200%に拡大

引き車

木の葉むれの輪郭
2種類

200%に拡大

P60

たき火

枯れ木

葉

P61

さるかに合戦

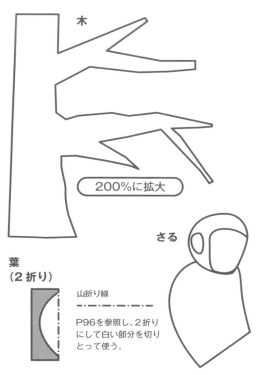

木

200%に拡大

さる

葉
（2折り）

山折り線

P96を参照し、2折り
にして白い部分を切り
とって使う。

P62

聖夜

月
200%に拡大

もみの木

200%に拡大

星
（10折り）

P96を参照し、10折り
にして白い部分を切り
とって使う。

ツリー 200%に拡大

P64

ポインセチアと
リース

ポインセチア
（12折り）

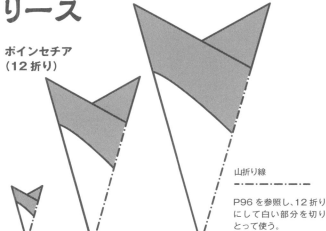

山折り線

P96を参照し、12折り
にして白い部分を切り
とって使う。

P65

餅つき

松竹梅

P66
十二支の話

寅

丑

子

卯

辰
鼻のところにカッターで切り込みを入れる。和紙をこより、鼻に差し込みセロハンテープでとめる。

巳
舌は、セロハンテープでとめる。

申

午

亥

戌

酉

未
からだは、和紙をだ円形にちぎり、顔と手足をのりで貼る。

【寅の作り方】
①型紙を参考にして顔を作る。
②丸パーツ３つをのりで貼ってつなげ、からだを作る。
②からだの片方に顔と前足を、もう片方に後ろ足としっぽをのりで貼る。
③からだの模様は和紙を手でちぎり、のりで貼る。

＊すべての動物をP66を参照にしながら、同じようにのりで貼る。ひもなどで、しっぽやひげをつけてもよい。
＊目や鼻、口などは水性ペンで描くとよい。

丸パーツ
丑や寅、卯、辰、巳、午でお好みの拡大率で使用。

P98 ～ 123 でご紹介している型紙は、作品ページごとに同じ比率で拡大や縮小をしてください。
ただし、 200%に拡大 400%に拡大 など、特別に明記しているものは、明記していない型紙に対しての比率です。

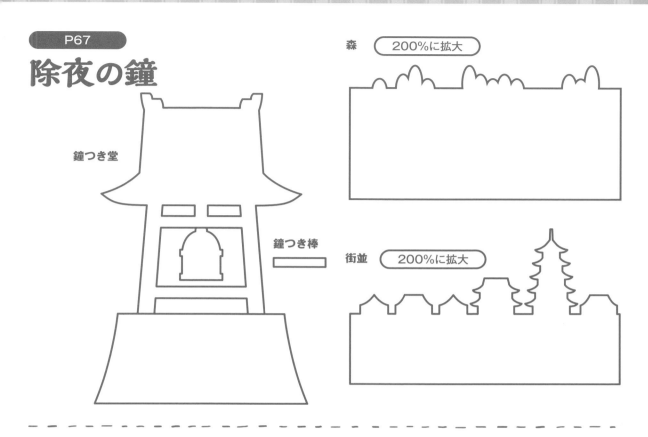

P67

除夜の鐘

鐘つき堂

鐘つき棒

森 200%に拡大

街並 200%に拡大

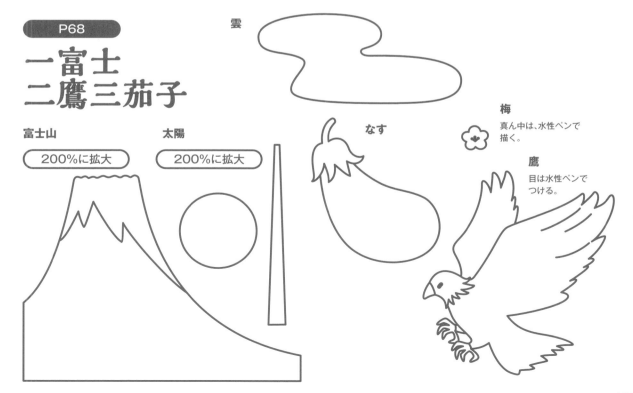

P68

一富士
二鷹三茄子

富士山

200%に拡大

太陽

200%に拡大

雲

なす

梅
真ん中は、水性ペンで
描く。

鷹
目は水性ペンで
つける。

117

P70

正月かざり

山折り線

P96を参照し、2折り
にして白い部分を切り
とって使う。

鶴（2折り）

うさぎ（2折り）

鳥居（2折り）

小槌（2折り）

だるま（2折り）
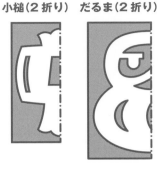

松

羽子板（2折り）
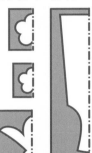

富士山（2折り）

コマ（2折り）

鏡餅（2折り）

梅（2折り）

亀（2折り）

P71

凧

凧

犬

人

雲

P98～123でご紹介している型紙は、作品ページごとに同じ比率で拡大や縮小をしてください。
ただし、 200%に拡大 400%に拡大 など、特別に明記しているものは、明記していない型紙に対しての比率です。

 P72

お雑煮

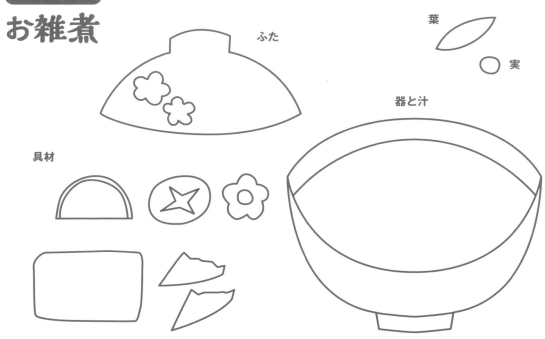

ふた

葉

実

器と汁

具材

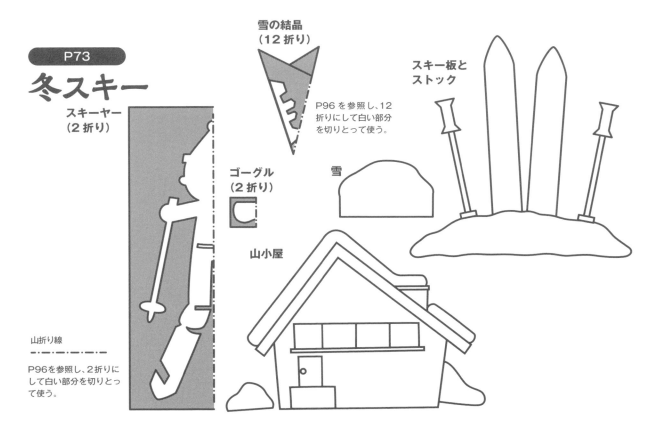

P73

冬スキー

スキーヤー
（2折り）

山折り線

P96を参照し、2折りにして白い部分を切りとって使う。

雪の結晶
（12折り）

P96を参照し、12折りにして白い部分を切りとって使う。

ゴーグル
（2折り）

雪

山小屋

スキー板とストック

119

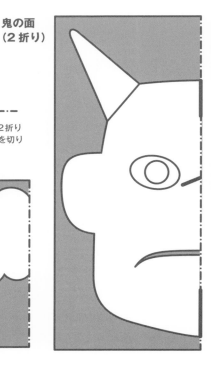

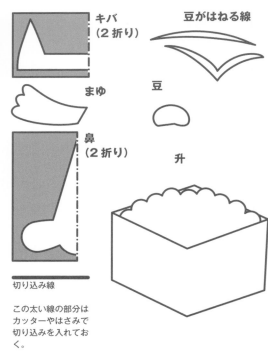

P74

節分

鬼の面
（2折り）

キバ
（2折り）

豆がはねる線

豆

升

山折り線

P96を参照し、2折り
にして白い部分を切り
とって使う。

髪の毛
（2折り）

まゆ

鼻
（2折り）

切り込み線

この太い線の部分は
カッターやはさみで
切り込みを入れてお
く。

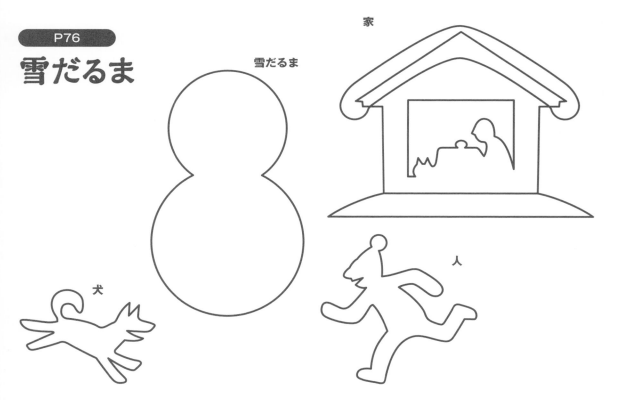

P76

雪だるま

雪だるま

家

犬

人

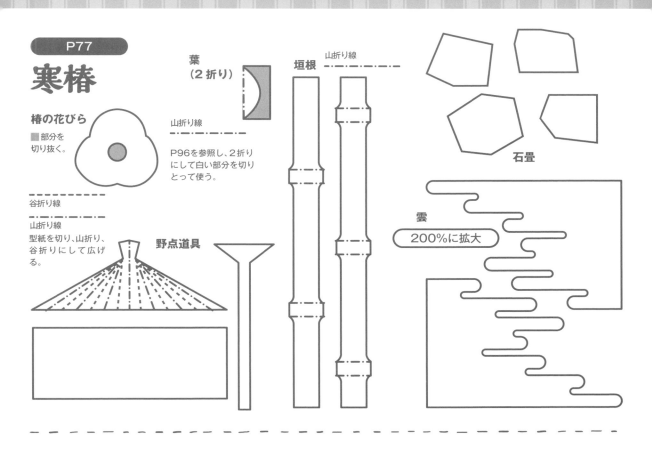

P77

寒椿

椿の花びら

■部分を
切り抜く。

葉
（2折り）

山折り線

P96を参照し、2折り
にして白い部分を切り
とって使う。

谷折り線

山折り線

型紙を切り、山折り、
谷折りにして広げ
る。

野点道具

垣根

山折り線

石畳

雲

200%に拡大

P79

てぶくろ

てぶくろ（大）

てぶくろ（小）

きつねの親子

P80

ひな祭り

桃の葉

橘の実と葉

桃の花
（10折り）

P96を参照し、10折りにして白い部分を切りとって使う。

ぬり絵

（雛人形）　　　　　　　　（ぼんぼり、ひし餅）　　　　　　　　　　（桃の花）

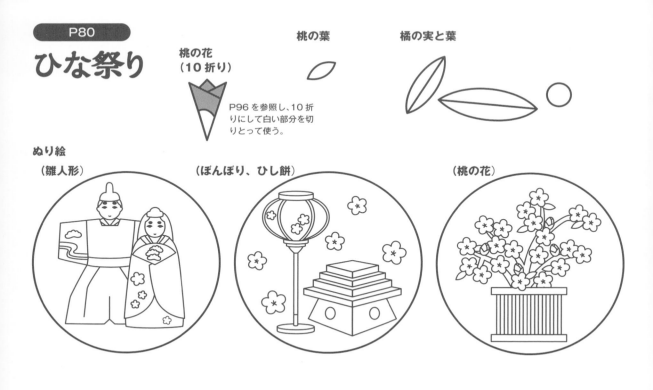

P82

うぐいす

うぐいす

※反対向きは鏡像コピーして使う。

（尾）　　　　　　　　　（からだ）

枝

200%に拡大

（足）

ガク

山

200%に拡大

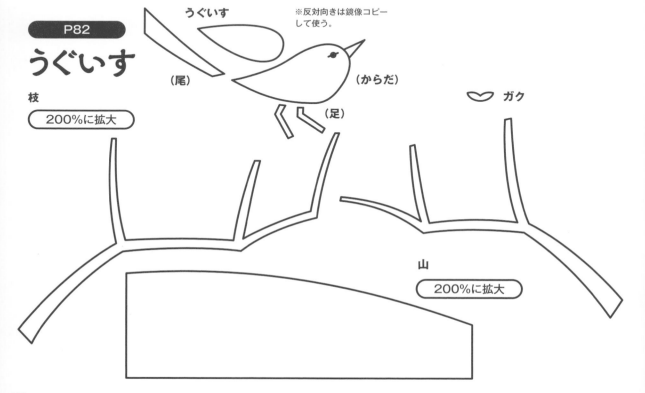

P83

蕨・蕗の薹

山折り線

P96を参照し、8折りにして白い部分を切りとって使う。

蕗の薹
（8折り）

地面　 200%に拡大

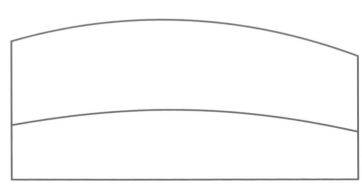

P84

たんぽぽ

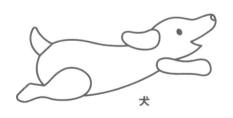

犬

かまきり

山折り線

P96を参照し、2折りにして白い部分を切りとって使う。

たんぽぽの葉
（2折り）

P85

いちご狩り

山折り線

いちごの葉
（2折り）

P96を参照し、2折りにして白い部分を切りとって使う。

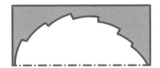

※葉は、3枚をP85の写真のように
重ねてのりで貼って完成させる。

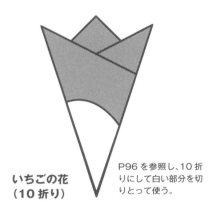

いちごの花
（10折り）

P96を参照し、10折りにして白い部分を切りとって使う。

壁面アルバム、ウエルカムボード、寄せ書き色紙、カード類の型紙集

切り紙の2折り、4折り、10折り、12折りの折り方はP96参照。
白い部分を切りとって使ってください。
サイズ表記のあるものは作品で使用した大きさです。
また拡大縮小率も実際の作品に対しての比率です。

本書の折り紙の記号について

谷折り ---------------------

山折り ---・---・---・---・

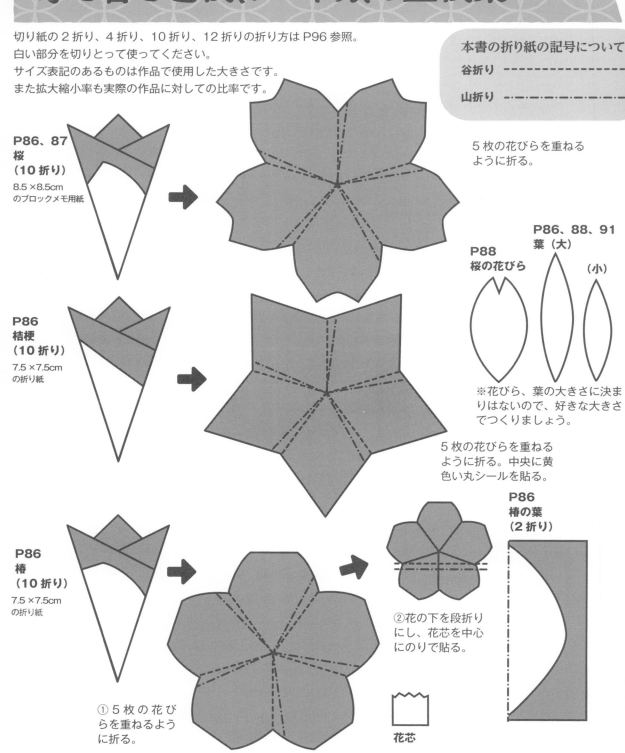

P86、87
桜
（10折り）

8.5×8.5cm
のブロックメモ用紙

5枚の花びらを重ねる
ように折る。

P86
桔梗
（10折り）

7.5×7.5cm
の折り紙

5枚の花びらを重ねる
ように折る。中央に黄
色い丸シールを貼る。

P88
桜の花びら

P86、88、91
葉（大）

（小）

※花びら、葉の大きさに決
まりはないので、好きな大きさ
でつくりましょう。

P86
椿
（10折り）

7.5×7.5cm
の折り紙

① 5枚の花び
らを重ねるよ
うに折る。

②花の下を段折り
にし、花芯を中心
にのりで貼る。

花芯

P86
椿の葉
（2折り）

花や葉の大きさは作品によって異なります。好きな大きさでつくりましょう。

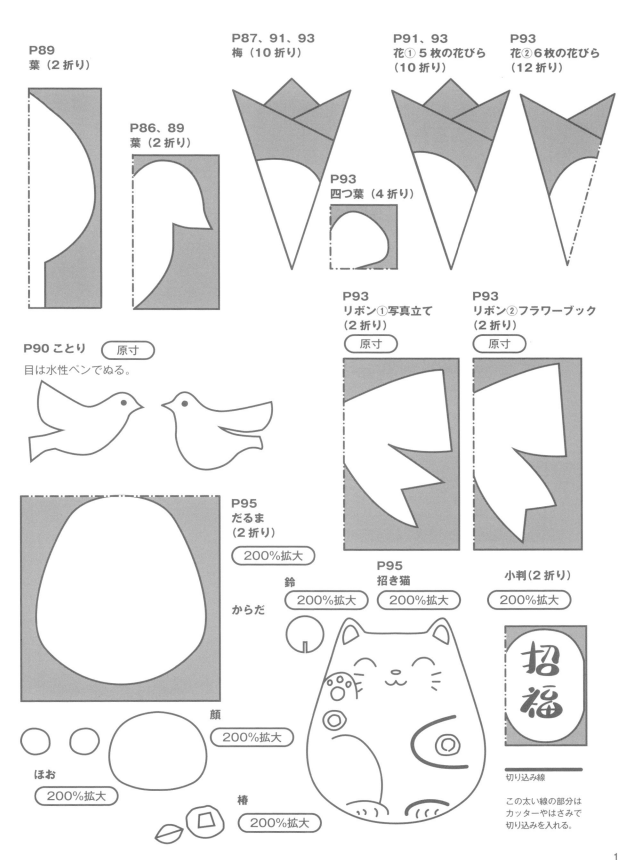

P89
葉（2折り）

P86、89
葉（2折り）

P87、91、93
梅（10折り）

P91、93
花①5枚の花びら
（10折り）

P93
花②6枚の花びら
（12折り）

P93
四つ葉（4折り）

P93
リボン①写真立て
（2折り）
原寸

P93
リボン②フラワーブック
（2折り）
原寸

P90 ことり　　原寸
目は水性ペンでぬる。

P95
だるま
（2折り）
200%拡大

からだ

鈴
200%拡大

P95
招き猫
200%拡大

小判（2折り）
200%拡大

顔
200%拡大

ほお
200%拡大

椿
200%拡大

招福

切り込み線

この太い線の部分は
カッターやはさみで
切り込みを入れる。

折り紙集

本書に掲載している折り紙作品の折り方です。
手順に沿って折っていきましょう。

P14

チューリップの花と茎

花

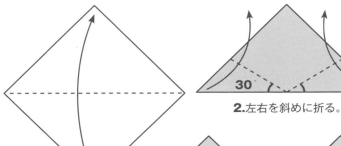

1.三角に折る。

2.左右を斜めに折る。

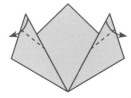

3.左右の上の角を折る。

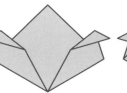

4.裏返す。

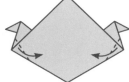

5.左右の角を少し折る。

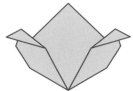

6.裏返して、できあがり。

茎

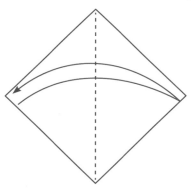

1.半分に折りすじをつける。

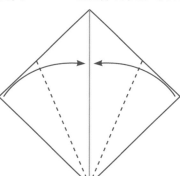

2.左右を真ん中で合わせ
るように折る。

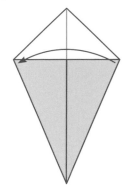

3.半分に折る。

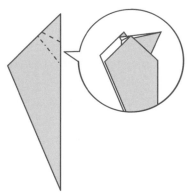

4.折りすじをつけて、中割
リ折りをし、もう一回折
り返す。

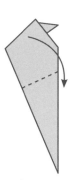

5.斜め下に折る。

6.角を折る。

7.裏返して向きを
変える。

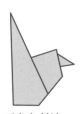

8.できあがり。

水芭蕉（a. 白い部分・b. 葉・c. 黄色い部分）

a

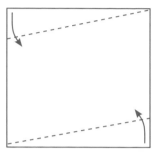

1. 上下を斜めに折る。

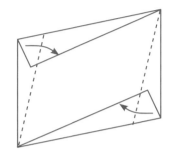

2. 左右を斜めに折る。

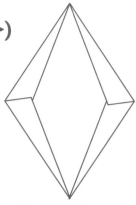

3. 向きを変えて、できあがり。

b

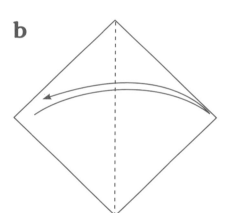

1. 半分に折りすじをつける。

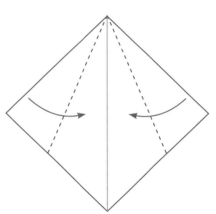

2. 左右を真ん中に合わせて折る。

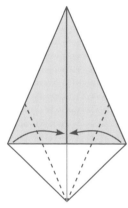

3. 左右を真ん中に合わせて折る。

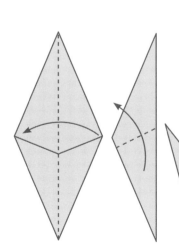

4. 半分に折る。　**5.** 下を折り上げる。

c

（a.bの半分くらいの折り紙を使用）

6. できあがり。

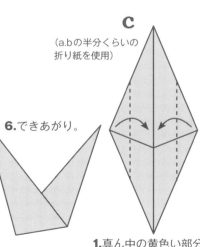

1. 真ん中の黄色い部分を折る。**b** の工程 **1** 〜**3** までを折る。左右の角を真ん中に合わせて折る。

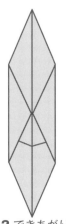

2. できあがり。

a+c

b

a に **c** を裏返してのりづけする。葉は台紙にのりで貼って、できあがり。

127

折り紙集

P40

ひまわりの花

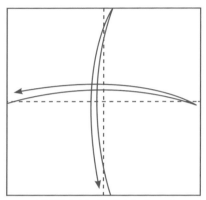

1.縦横半分に折りすじをつける。

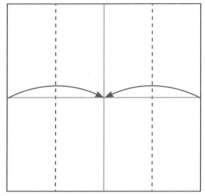

2.真ん中に向けて左右を折る。

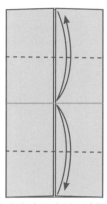

3.真ん中に向けて上下に
　折りすじをつける。

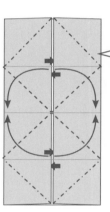

4.上側を広げながら、つぶすよう
　に折る。下側も同じように折る。

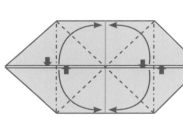

5.右上を広げながら、つぶすように折る。
　残り3か所も同じように折る。

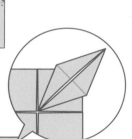

6.袋の部分を広げなが
　らつぶすように折る。
　4か所すべて同じよ
　うにする。

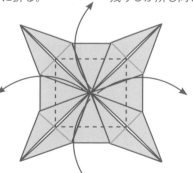

7.真ん中の角4か所を
　外側に折る。

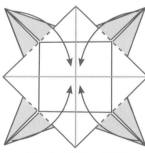

8.角を4か所、内側に
　折る。

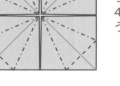

リップルボードは、
■と同じ大きさに。

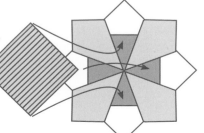

9.正方形に切ったリッ
　プルボードを真ん中
　にはめ込む。

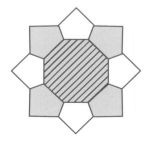

10.できあがり。

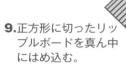

P42

すいか（大・小）

小

（大の半分くらい
の折り紙を使用）

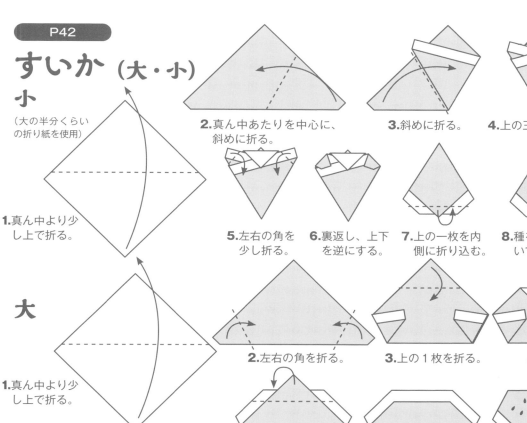

1.真ん中より少
し上で折る。

2.真ん中あたりを中心に、
斜めに折る。

3.斜めに折る。

4.上の三角を下に折る。

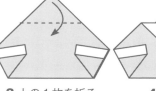
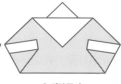

5.左右の角を
少し折る。

6.裏返し、上下
を逆にする。

7.上の一枚を内
側に折り込む。

8.種を水性ペンで描
いて、できあがり。

大

1.真ん中より少
し上で折る。

2.左右の角を折る。

3.上の1枚を折る。

4.裏返す。

5.下の色が見えるよう
に内側に折り込む。

6.上下を逆にする。

7.種を水性ペンで描
いて、できあがり。

P42

朝顔

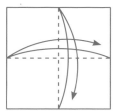

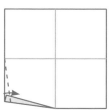

1.縦横半分に折りすじ
をつける。

2.左下の角を図のよう
に、三角に折る。

3.横の辺も図のように、
折る。角は重なる。

4.残りの3か所も図の
ように折る。角は重
なる。

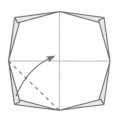

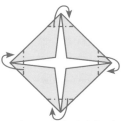

5.左の角が真ん中の折
りすじより5mmくら
い手前になるように
折る。

6.残りの3か所も5と
同じように折る。

7.すべての角を山折り
にする。

8.できあがり。

129

P58

菊

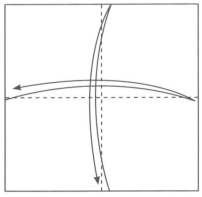

1.縦横半分に折りすじをつける。

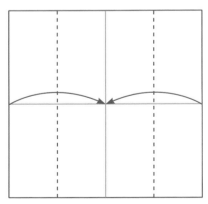

2.真ん中に向けて左右を折る。

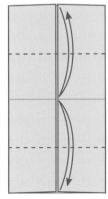

3.真ん中に向けて上下に
　折りすじをつける。

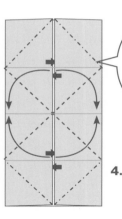

4.上側を広げながら、つぶ
　すように折る。下側も同
　じように折る。

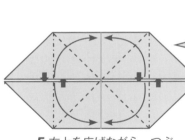

5.右上を広げながら、つぶ
　すように折る。残り3か
　所も同じように折る。

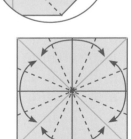

6.角を折りすじに合わせ
　て折る。

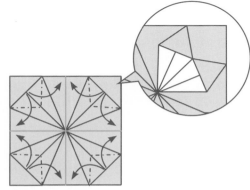

7.6で折ったところを広げながら、つぶす
　ように折る。残り6か所も同じように折る。

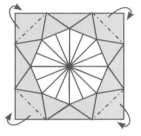

8.すべての角を山折り
　にする。

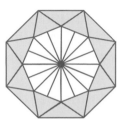

9.できあがり。

P61

柿

大きい折り紙で「実」を、小さい折り紙で「へた」をつくり、のりで貼る。

実

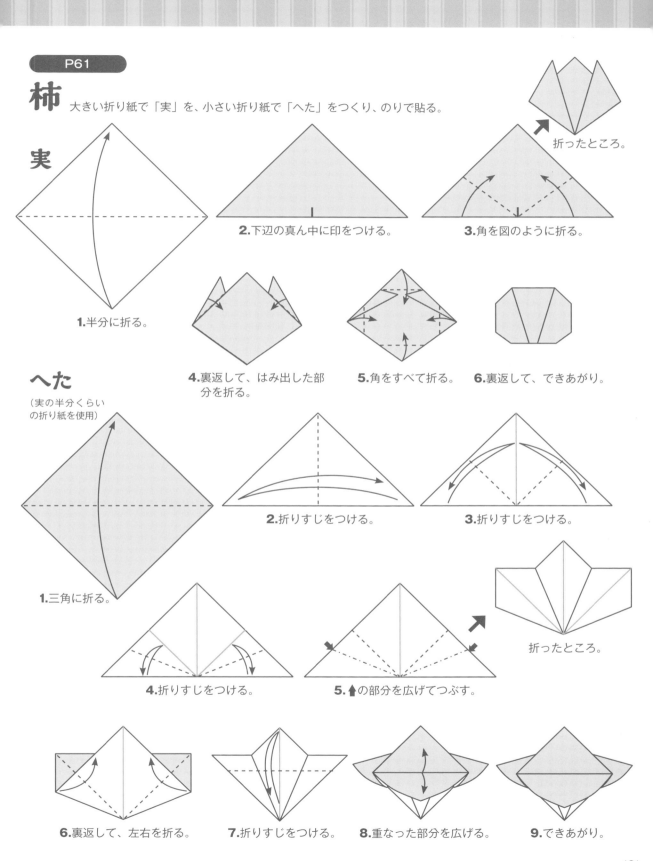

1.半分に折る。

2.下辺の真ん中に印をつける。

3.角を図のように折る。

折ったところ。

4.裏返して、はみ出した部分を折る。

5.角をすべて折る。

6.裏返して、できあがり。

へた

（実の半分くらい
の折り紙を使用）

1.三角に折る。

2.折りすじをつける。

3.折りすじをつける。

4.折りすじをつける。

5.↑の部分を広げてつぶす。

折ったところ。

6.裏返して、左右を折る。

7.折りすじをつける。

8.重なった部分を広げる。

9.できあがり。

P64

リース

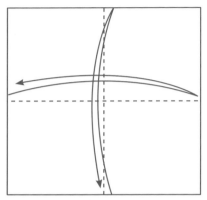

1. 縦横半分に折りすじをつける。

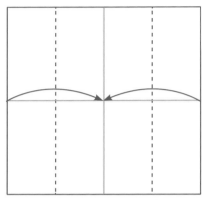

2. 真ん中に向けて左右を折る。

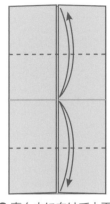

3. 真ん中に向けて上下に折りすじをつける。

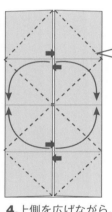

4. 上側を広げながら、つぶすように折る。下側も同じように折る。

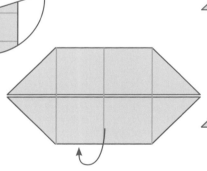

5. 後ろ側へ半分に折る。

6. 上の紙の左右を、真ん中に合わせて折る。

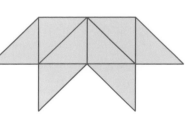

7. これと同じものを全部で4つつくる。

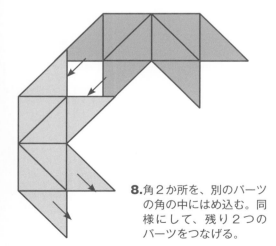

8. 角2か所を、別のパーツの角の中にはめ込む。同様にして、残り2つのパーツをつなげる。

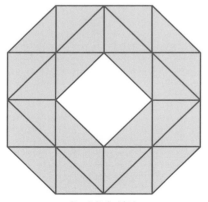

9. できあがり。

P78

チョコレート

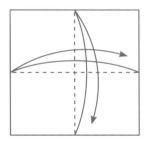

1.縦横に折りすじをつける。

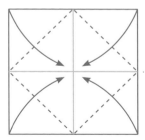

2.角を真ん中に合わせて折る。

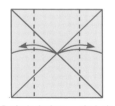

3.向きを変え、真ん中に合わせて折りすじをつける。

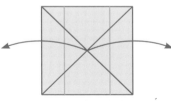

4.左右の三角形を広げる。

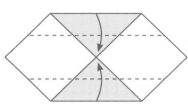

5.真ん中に合わせて上下を折り、立たせる。

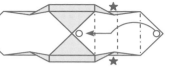

6.★に指を差し込んで折りすじを折り畳むようにする。○と○を合わせて側面を立たせながら折る。

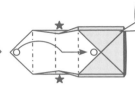

7.左側も**6**と同じように折る。

8.裏返して、上に小さなアクセサリーなどをのせるとチョコレートになる。P78写真参照。

P85

いちご

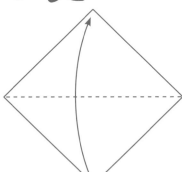

1.三角に折る。

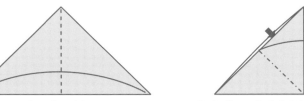

2.三角に折る。

3.広げてつぶすように折る。

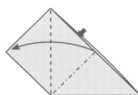

4.裏返して、同じように広げてつぶすように折る。

5.上の1枚を内側に折る。裏側も同じように折る。

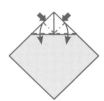

6.広げてつぶすように折る。

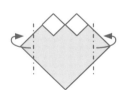

7.左右を少し、後ろ側へ折る。

8.できあがり。

133

折り紙集

P86

朝顔

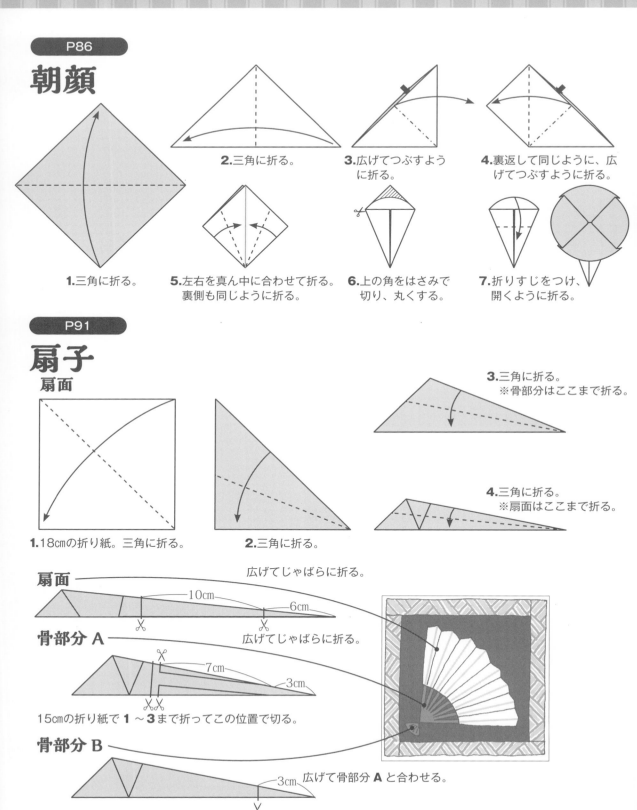

1. 三角に折る。

2. 三角に折る。

3. 広げてつぶすように折る。

4. 裏返して同じように、広げてつぶすように折る。

5. 左右を真ん中に合わせて折る。裏側も同じように折る。

6. 上の角をはさみで切り、丸くする。

7. 折りすじをつけ、開くように折る。

P91

扇子

扇面

1. 18㎝の折り紙。三角に折る。

2. 三角に折る。

3. 三角に折る。
※骨部分はここまで折る。

4. 三角に折る。
※扇面はここまで折る。

扇面 ─ 広げてじゃばらに折る。
10cm　6cm
広げてじゃばらに折る。

骨部分 A ─
7cm　3cm
15㎝の折り紙で **1**〜**3** まで折ってこの位置で切る。

骨部分 B ─
3cm　広げて骨部分 **A** と合わせる。
15㎝の折り紙で **1**〜**3** まで折ってこの位置で切る。

P92

鶴

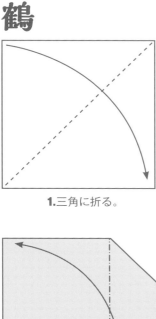

1. 三角に折る。

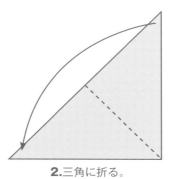

2. 三角に折る。

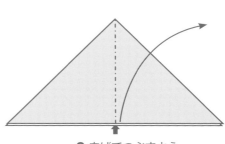

3. 広げてつぶすよう
に折る。

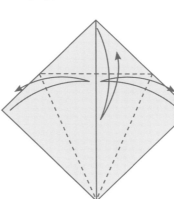

4. 裏返して同じように、広
げてつぶすように折る。

5. 向きを変え、左右上下を真ん
中に合わせて折りすじをつけ
る。裏側も同じように折りす
じをつける。

10. 右を左へ合わせる
ように折る。裏側
も同じようにする。

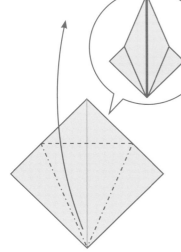

6. 広げてつぶすよう
に折る。裏側も同
じように折る。

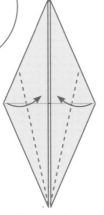

7. 左右を真ん中に
合わせて折る。
裏側も同じよう
に折る。

8. 右を左へ合わせ
るように折る。
裏側も同じよう
にする。

9. 下の角を折り上
げる。裏側も同
じように折る。

11. くちばし部分を中
割り折りにする。

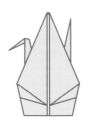

12. できあがり。

●監修　高野龍昭　Takano Tatsuaki

東洋大学 ライフデザイン学部 生活支援学科准教授　社会福祉士・介護支援専門員
大学卒業後、医療ソーシャルワーカーと高齢者分野の社会福祉士の業務を経て、
介護支援専門員（ケアマネジャー）として勤務。
通算 19 年の相談援助の現場実践を重ねたあと、教職に転じ、
未来の介護福祉士の育成に力を注ぐ。
著書に『これならわかる〈スッキリ図解〉介護保険第 2 版 2015 年版』（翔泳社）など。

●制作

いがきけいこ（P35、P49、P61）

石川真理子（P19、P24、P31、P37、P41、P42、P44、P50、P54、P62、P64、P70、P72、P78、P79、P85）

イシグロフミカ（P14、P17、P22、P29、P34、P38、P55、P59、P68、P73、P80）

オグリヒデト（P16、P18、P20、P26、P36、P43、P46、P48、P58、P66、P71、P74、P76、P82、P83）

しまだ・ひろみ（P86〜95）

坪井　健（P25、P40、P53、P67、P77）

日南田淳子（P23、P47、P60、P65）

やたみほ（P28、P30、P32、P52、P56、P84）

●撮影　　横田公人
●イラスト　浅羽壮一郎
●デザイン　遠藤敬志　NikoWorks
●ＤＴＰ　中西成嘉　小幡倫之　NikoWorks
●企画編集　NikoWorks
●校正　　草樹社
●取材協力　ハピネス・あすか　http://www.yokohama-asuka.jp

高齢者が喜ぶ! 季節の壁面飾り

2023年　4月25日　第1刷発行

●監修　　高野龍昭
●発行人　土屋徹
●編集人　滝口勝弘

●発行所　株式会社Gakken
　　　　　〒 141-8416　東京都品川区西五反田 2－11－8
●印刷所　凸版印刷株式会社

●この本に関する各種お問い合わせ先
本の内容については、下記サイトのお問い合わせフォームよりお願いします。
https://www.corp-gakken.co.jp/contact/

在庫については　Tel 03-6431-1250（販売部）
不良品（落丁、乱丁）については　Tel 0570-000577
　学研業務センター　〒 354-0045 埼玉県入間郡三芳町上富 279-1
上記以外のお問い合わせは　　Tel 0570-056-710（学研グループ総合案内）

学研グループの書籍・雑誌についての新刊情報・詳細情報は下記をご覧ください。
学研出版サイト　https://hon.gakken.jp/

※本書は 2015 年 5 月弊社刊の「高齢者が喜ぶ！壁面かざり１２か月」を一部改訂したものです。